中学受験

社会の基本問題

小学 **6** 年

NICHINOKEN BOOKS

この本の特色

中学受験
合格！

社会や理科は暗記科目、という誤解

「覚えればいい」というのはまちがった考え方です。

細かな知識が問われる難問は全体のごくわずか。

最近は図やグラフ、文章を読み取って答えをつくる問題が主流になっています。

つまり、中学入試において必要な学力とは、

①主な分野において基本知識をしっかり獲得しているか

②知識と知識を結びつけて論理的に考えられるか

である、といえます。ふえている記述問題にしても同様な視点で出題されているものがほとんどです。

こまぎれの知識ではなく、
知識の「運用力」が求められている

このように、日能研では毎年の入試を徹底的に研究しています。この本では、その研究にもとづき、もっとも基本的な内容を重点的に取り上げました。その一方で「知識を使う力」を重視し、入試と同じ総合問題形式で演習できるようになっています。この本を十分に活用して、実力アップにつなげてください。

● この本の使い方

要点ピックアップ

それぞれのテーマでもっとも基本となる項目をまとめました。問題に向かう前に、この内容をもとに学習をふり返りましょう。

問題演習

日能研のテストで蓄積した正答率をもとに、問題をレベルA・レベルBに分けてあります。問題選びや実力チェックのめやすとしても利用できます。

らくらくチェック161題

一問一答形式の確認問題です。キーワードのまとめにも使えます。

解答・解説

とくに重要な問題には解説をつけ、関連知識や考えの道すじをしめしてあります。

もくじ

編集協力:(有)バンティアン/表紙デザイン:森垣奈美/本文デザイン:(株)エッジ・デザインオフィス

第 1 回　日本の国土

要点ピックアップ

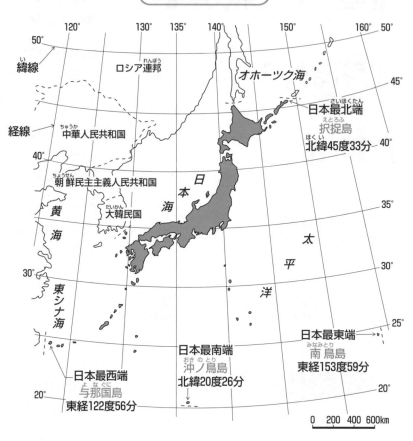

日本列島の位置

緯線
ロシア連邦
オホーツク海
日本最北端
択捉島
北緯45度33分

経線
中華人民共和国
朝鮮民主主義人民共和国
大韓民国
黄海
日本海
東シナ海
太平洋

120° 130° 135° 140° 150° 160° 50°
50°
45°
40°
35°
30°
25°
20°

日本最西端
与那国島
東経122度56分

日本最南端
沖ノ鳥島
北緯20度26分

日本最東端
南鳥島
東経153度59分

0 200 400 600km

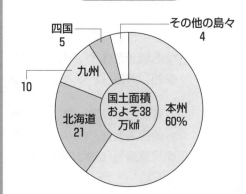

四大島の大きさ

四国 5
その他の島々 4
九州 10
北海道 21
本州 60%

国土面積
およそ38
万km²

（2019年版『理科年表』より）

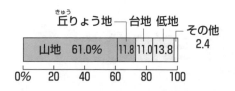

国土の地形区分

丘りょう地　台地　低地
その他 2.4
山地　61.0%　11.8　11.0　13.8

0%　20　40　60　80　100

（『日本国勢図会2020/21』より）

資料から読む!!

・日本は、まわりを海に囲まれた島国である。
・4つの大きな島と、小さな島々からなっている。
・山地と丘りょう地で約70%をしめ、平地が少ない。

 レベル **A** 問題演習

次の文章と地図を見て、あとの各問いに答えなさい。

→ 解答は138ページ

　日本の国土は、（　あ　）大陸にそって、およそ（　い　）kmにわたって連なり、かなり広い範囲をしめています。国土は四大島と大小（　う　）の島々から成り立っています。その面積は、約38万km²で、世界の陸地のおよそ400分の1にすぎませんが、世界にあるおよそ200の国の中で広いほうから数えて60番目くらいで、どちらかといえば広いほうといえます。また、海岸線の総延長は地球の赤道の長さの4分の3をこえる（　え　）kmほどもあります。

　日本各地の気候や生活は、地形や海・₁海流などの影響を受けており、₂地域によってさまざまな特色が見られます。

　日本の国土を₃緯度・経度を用いてあらわすと、東端は（　A　）の東経153度59分、西端は（　B　）の東経122度56分、南端は（　C　）の北緯20度26分、北端は（　D　）の北緯45度33分です。ただし、これらの島のうち、（　D　）の帰属については、現在（　お　）との間で話し合いがもたれています。これを₄北方領土問題といいます。

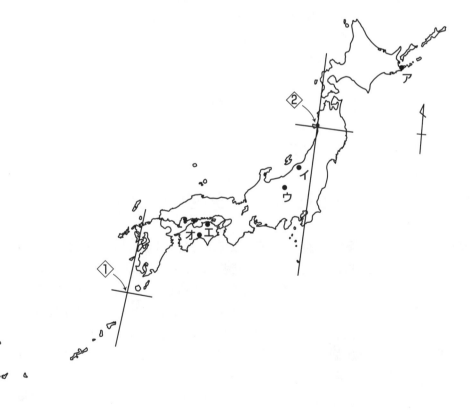

□**問1**　文章中の（　あ　）・（　お　）にあてはまることばをそれぞれ答えなさい。

レベル A 問題演習

□**問2**　前の文章中の（　い　）・（　う　）にあてはまる数をそれぞれ1000の倍数で答えなさい。

□**問3**　前の文章中の（　え　）にあてはまる数を下から選び、記号で答えなさい。
　ア　3500　　　　イ　6800　　　　ウ　35000　　　　エ　68000

問4　前の文章中の（　A　）～（　D　）について、(1)・(2)の問いに答えなさい。

□(1)　（　A　）～（　D　）にあてはまる島を下から選び、それぞれ記号で答えなさい。
　ア　択捉島（えとろふ）　　イ　沖ノ鳥島（おきのとり）　　ウ　南鳥島（みなみとり）　　エ　与那国島（よなぐに）

□(2)　東西南北の端（はし）になっている島のうち東京都に属している島を(1)のア～エから2つ選び、記号で答えなさい。

問5　前の文章中の下線部1について、(1)・(2)の問いに答えなさい。

□(1)　次のA～Cの文は日本のまわりを流れる海流が、その近くの地域にあたえる影響についてあらわしたものです。それぞれの文にあてはまる海流の名を答えなさい。また、（　①　）・（　②　）にあてはまることばをそれぞれ答えなさい。
　A　この海流が沖を流れる地域では、冬は上空に立ちのぼる水蒸気（すいじょうき）のために、曇（くも）りや雪の日がよく見られ、降水量（こうすいりょう）も多くなっている。
　B　この海流は栄養分が豊富で、魚の種類も多いために（　①　）ともよばれている。
　C　この海流は濃（こ）い藍色（あいいろ）をしているために（　②　）ともよばれている。この海流が沖を流れる地域では、冬でも暖（あたた）かい気候を利用して、野菜や花の早づくりがおこなわれている。

□(2)　(1)で答えた海流のほか、日本のまわりを流れるもう1つの海流の名を答えなさい。

□**問6**　前の文章中の下線部2について、次のA～Eの文は、日本各地の都市の気候のようすについてのべたものです。それぞれの都市は、前の地図中にある●のいずれかです。A～Eの説明にあたる都市を地図中のア～オから選び、それぞれ記号で答えなさい。
　A　冬の寒さは大変きびしく、道路が凍ることによる自動車事故が多い。夏も気温があまり上がらず、米は実らず、畑で作物をつくることもむずかしい。
　B　冬でも気候が温暖（おんだん）で、降水量も1年を通して少ない。かつては、日照りの害を受けることが多く、各地にため池が見られた。
　C　世界でも指折りの豪雪（ごうせつ）地帯で、かつては積雪のため建物がつぶれる被害（ひがい）も見られた。冬の大切な仕事である「雪下ろし」は、日曜日に家族総出でおこなう家も多い。
　D　かつては米の二期作がさかんであったが、現在は冬でも温暖な気候の特色を生かし

た野菜づくりがさかんである。夏には台風におそわれることも多く、大きな被害を受けることもある。

E　夏は涼しく、避暑地として多くの人々でにぎわう。降水量は1年を通してあまり多くなく、早春には霜の害を受けることがよくある。

問7　前の文章中の下線部3について、(1)～(3)の問いに答えなさい。

□(1)　緯度0度で、緯度の基準になっている緯線を何とよんでいますか。そのよび名を答えなさい。

□(2)　イギリスの旧グリニッジ天文台を通過する経線を経度0度とし、これを基準に東西180度まで経線が引かれています。各国では、ある経線をもとに標準時を設定しています。日本の時刻の基準となっているのは、兵庫県（　　　　　）市の天文台を通る東経135度の経線で、これを日本の標準時子午線とよんでいます。

（　　　　　）にあてはまる都市の名を答えなさい。

□(3)　地図中の①・②の位置の緯度・経度を正しくあらわした組み合わせを下の表のア～エから選び、記号で答えなさい。

	①の位置	②の位置
ア	北緯25度　東経130度	北緯40度　東経145度
イ	北緯25度　東経125度	北緯38度　東経145度
ウ	北緯30度　東経130度	北緯40度　東経140度
エ	北緯30度　東経125度	北緯38度　東経140度

□**問8**　前の文章中の下線部4について、この北方領土にふくまれない島を下から選び、記号で答えなさい。

ア　国後島　　　　　イ　得撫島　　　　　ウ　色丹島　　　　　エ　歯舞群島

レベル B 問題演習

日能研
正答率 80% 〜 50%

◆ 次のA〜Ⅰの文は、日本各地を流れる河川（かせん）についてのべたものです。それぞれの文を読んで、あとの各問いに答えなさい。

→ 解答は138ページ

A　この川は、奥羽（おうう）山脈にそって北から南に流れています。現在では、流れにそって高速道路が走っています。流域（りゅういき）の（　あ　）盆地（ぼんち）には盛岡（もりおか）市が位置しており、伝統工業がさかんです。河口は①下流の平野の東部に位置しており、太平洋に注いでいます。

B　この川は南から北に流れています。②下流の平野は水田単作地帯で、耕地にしめる水田の割合（わりあい）（水田率）が高くなっています。流域では、神岡（かみおか）鉱山から出されたカドミウムが原因で骨（ほね）がもろくなる（　い　）病が発生しました。

C　この川は、江戸（えど）時代に活躍（かつやく）した松尾芭蕉（まつおばしょう）によって、「五月雨（さみだれ）を　あつめてはやし　…」と詠（よ）まれました。流域には米沢・山形・新庄（しんじょう）などの盆地があり、くだものの（　う　）の生産は国内の約80％をしめています。③下流の平野では米づくりがさかんで、はえぬきなどの品種がつくられています。

D　この川は石槌山（いしづち）付近から流れる④この地方で2番目に長い川で、上流は大歩危（おおぼけ）・小歩危（こぼけ）といった深い峡谷（きょうこく）をつくっています。1974年に、この川から山脈を貫（つらぬ）いて北側の雨量の少ない県へ水を送る（　え　）用水が通水を開始しました。下流は徳島平野となっています。

E　この川は、水源（すいげん）となる（　お　）湖周辺でかつては製糸業がさかんでしたが、現在では精密（せいみつ）機械の工場が集まっています。流域にはスギの産地があるほか、河岸段丘（だんきゅう）の発達した伊那（いな）盆地があります。河口近くには⑤楽器などの生産で知られる浜松（はままつ）市があります。

F　この川は、関東山地から流れ出す千曲川（ちくま）と飛騨（ひだ）山脈から流れ出す犀川（さい）が（　か　）盆地で合流しています。⑥下流の平野はかつては湿田（しつでん）が広がっていましたが、暗渠排水（あんきょはいすい）によって乾田（かんでん）化（か）に成功し、現在は日本有数の米どころです。

G　この川は、赤石山脈を源流とする釜無川（かまなし）と関東山地を源流とする笛吹川（ふえふき）が（　き　）盆地で合流しています。この盆地では、⑦この川が山地から平地に流れ出たところに土砂（どしゃ）をたい積してできた水はけのよい地形が見られ、かつては一面のくわ畑であったところに、現在ではももやぶどうが栽培（さいばい）され、全国一の生産高をほこっています。

H　この川は、古くから内陸水路として利用されてきました。水源地は日本一大きな湖である（　く　）湖で、この湖は1993年にはラムサール条約に登録されました。途中（とちゅう）で瀬田川（せた）・宇治（うじ）川と名前をかえ、下流域は工業地帯の1つを形成しています。

Ⅰ　この川はこの地方でもっとも長く、阿蘇山（あそ）や久住山（くじゅう）あたりに源（みなもと）を発しています。中流の日田（ひた）盆地はスギの産地として知られ、下流の平野は（　け　）とよばれる水路があることで知られてきました。⑧この川が注ぐ海の沿岸部（えんがんぶ）の干潟（ひがた）では古くから干拓（かんたく）がおこなわれてきました。

問1 文中の（　あ　）～（　け　）について、(1)～(6)の問いに答えなさい。

□(1)　（　あ　）・（　か　）・（　き　）にあてはまる盆地の名を下から選び、それぞれ記号で答えなさい。

　　ア　上川（盆地）　　　　**イ**　北上（盆地）　　　**ウ**　松本（盆地）

　　エ　京都（盆地）　　　　**オ**　甲府（盆地）　　　**カ**　近江（盆地）

　　キ　長野（盆地）　　　　**ク**　福島（盆地）

□(2)　（　い　）にあてはまる公害病の名を答えなさい。

□(3)　（　う　）にあてはまるくだものの名を下から選び、記号で答えなさい。

　　ア　みかん　　　　**イ**　りんご　　　　**ウ**　もも　　　　**エ**　さくらんぼ

□(4)　（　え　）にあてはまる用水の名を答えなさい。

□(5)　（　お　）・（　く　）にあてはまる湖の名を下から選び、それぞれ記号で答えなさい。

　　ア　浜名（湖）　　　　**イ**　十和田（湖）　　　**ウ**　諏訪（湖）

　　エ　琵琶（湖）　　　　**オ**　サロマ（湖）　　　**カ**　宍道（湖）

□(6)　（　け　）にあてはまる水路の名をカタカナ4字で答えなさい。

問2　文中の下線部①～⑧について、(1)～(5)の問いに答えなさい。

□(1)　下線部①・②・③・⑥について、それぞれの平野の名を答えなさい。

□(2)　下線部④について、この地方でもっとも長い川は、「最後の清流」とよばれ自然のままの姿が残っている川です。この川の名を答えなさい。

□(3)　下線部⑤がふくまれる工業地域の名を下から選び、記号で答えなさい。

　　ア　関東内陸工業地域　　　　**イ**　京葉工業地域

　　ウ　東海工業地域　　　　　　**エ**　瀬戸内工業地域

□(4)　下線部⑦のような地形を何といいますか。

□(5)　下線部⑧にあたる海の名を答えなさい。

レベル B 問題演習

□**問3** 前の文A・C・E・Ⅰはそれぞれどの川のことをさしていますか。あてはまる川の名をそれぞれ答えなさい。また、それぞれの川の位置を下の地図中のア～コから選び、記号で答えなさい。

□**問4** 次のア～エは、川の共通点ごとにまとめたものです。あてはまる川を前のA～Ⅰから（　　）内の数だけ選び、それぞれ記号で答えなさい。ただし、同じ記号を2度以上使ってもかまいません。

　ア 日本三急流にあたる川……………（2つ）
　イ 「筑紫次郎」の名をもつ川…………（1つ）
　ウ 日本海へと流れる川………………（3つ）
　エ 流域が1つの県のみである川……（1つ）

要点ピックアップ

おもな農産物の都道府県別生産

農産物	生産量(トン)	生産量の多い都道府県(カッコ内の数字は%)					
米	7762000	新 潟(8.3)	北海道(7.6)	秋 田(6.8)	山 形(5.2)	宮 城(4.9)	耕地面積の広い地域
小麦	1037000	北海道(65.4)	福 岡(6.6)	佐 賀(4.5)	愛 知(3.0)	三 重(2.2)	
大豆	217800	北海道(40.6)	宮 城(6.9)	秋 田(6.4)	福 岡(4.1)	滋 賀(3.6)	生産量はへってきている
じゃがいも	2260000	北海道(77.1)	鹿児島(4.3)	長 崎(4.1)	茨 城(2.0)	千 葉(1.4)	
さつまいも	748700	鹿児島(34.9)	茨 城(22.5)	千 葉(12.5)	宮 崎(10.8)	徳 島(3.6)	
だいこん	1328000	北海道(11.8)	千 葉(11.3)	青 森(9.2)	鹿児島(7.2)	神奈川(6.0)	
キャベツ	1467000	群 馬(18.8)	愛 知(16.7)	千 葉(8.5)	茨 城(7.5)	鹿児島(5.2)	
たまねぎ	1155000	北海道(62.1)	佐 賀(10.2)	兵 庫(8.3)	長 崎(2.5)	愛 知(2.4)	稲作に向かない地域と近郊農業地域
はくさい	889900	茨 城(26.5)	長 野(25.4)	群 馬(3.7)	北海道(2.9)	栃 木(2.7)	
トマト	724200	熊 本(18.9)	北海道(7.6)	愛 知(6.5)	茨 城(6.4)	千 葉(5.1)	
きゅうり	550000	宮 崎(11.3)	群 馬(10.0)	埼 玉(8.3)	福 島(7.1)	千 葉(6.4)	
レタス	585600	長 野(35.7)	茨 城(15.3)	群 馬(7.9)	長 崎(5.8)	兵 庫(4.9)	
なす	300400	高 知(13.1)	熊 本(10.6)	群 馬(8.6)	福 岡(7.0)	茨 城(5.5)	
ピーマン	140300	茨 城(23.8)	宮 崎(18.9)	高 知(9.6)	鹿児島(9.0)	岩 手(5.4)	
いちご	161800	栃 木(15.4)	福 岡(10.1)	熊 本(6.9)	静 岡(6.7)	長 崎(6.3)	
みかん	773700	和歌山(20.1)	静 岡(14.8)	愛 媛(14.7)	熊 本(11.7)	長 崎(6.4)	
りんご	756100	青 森(58.9)	長 野(18.8)	岩 手(6.3)	山 形(5.5)	福 島(3.4)	
日本なし	231800	千 葉(13.1)	茨 城(10.3)	栃 木(8.8)	福 島(7.4)	鳥 取(6.9)	日当たりがよく、水はけのよい山の斜面・盆地
ぶどう	174700	山 梨(23.9)	長 野(17.8)	山 形(9.2)	岡 山(8.8)	福 岡(4.2)	
もも	113200	山 梨(34.8)	福 島(21.4)	長 野(11.7)	山 形(7.1)	和歌山(6.6)	
うめ	112400	和歌山(65.1)	群 馬(5.1)	三 重(1.9)	神奈川(1.6)	長 野(1.6)	
さくらんぼ	18100	山 形(78.5)	山 梨(6.0)	北海道(5.1)	秋 田(2.3)		
茶	76500	静 岡(38.6)	鹿児島(36.6)	三 重(7.7)	宮 崎(4.6)	京 都(3.8)	

統計は米・小麦・大豆・さつまいも・茶が2019年、他は2018年。
(『日本国勢図会2020/21』、農水省統計より)

世界の中の日本の漁獲量割合の変化

1960年	1970年	1980年	1990年	2000年	2010年	2018年
16.9%(1位)	13.7(2位)	14.7(1位)	11.4(1位)	5.5(3位)	4.6(6位)	3.3(8位)

・漁業専管水域200カイリ設定後、減少
・とる漁業からつくり育てる漁業へ

 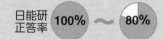

次の米に関する文章をよく読んで、あとの各問いに答えなさい。

→ 解答は138・139ページ

　日本で栽培されている稲は、ジャポニカ種とよばれる種類で、インドのアッサム地方や中国の雲南省などの亜熱帯地域の山間部を起源にするものと考えられています。稲作が、朝鮮半島を経て日本に伝えられたのは今から二千数百年以上前で、これによって時代は　Ａ　時代に入っていきました。また、稲作は、初めは　Ｂ　地方にもたらされ、　Ｃ　地方をのぞく1日本列島各地にその後急速に広まっていきました。これは、日本のほとんどは温帯に属しており、[　　　　　　　　　　　]ことが稲の生育に適していたためでした。今では、　Ｃ　地方の一部をのぞく全国で栽培されており、2各地の地形や気候にあわせた栽培の工夫を重ねながら、多くの収穫量をあげるようになりました。また、水田による稲作は日本の社会や文化に大きな影響をあたえ続けてきただけではなく、3日本の自然環境をも調整しながら、主要な食物を生産する役割を果たしてきました。

□**問1**　文章中の　Ａ　にあてはまる時代の名を答えなさい。

□**問2**　文章中の　Ｂ　・　Ｃ　にあてはまる地方名を下から選び、それぞれ記号で答えなさい。
　　ア　近畿　　　　　**イ**　関東　　　　**ウ**　北海道　　　　**エ**　九州　　　　**オ**　東北

□**問3**　文章中の[　　　　　　　　　　　　　　]にあてはまる気候の特色を、気温と降水量の2つの点から説明しなさい。

□**問4**　文章中の下線部1について、問3の日本の気候の特色以外に、稲作が急速に日本列島各地に広まっていった理由としてふさわしくないものを下から選び、記号で答えなさい。
　　ア　長期間保存ができる。　　　　　　　　**イ**　栄養価が高い。
　　ウ　手間をかけずに育てることができる。　　**エ**　一定の面積からの収穫量が多い。

問5　文章中の下線部2について、下のa〜eの文は、日本の各地の平野での稲作についてのべたものです。これらの文について、(1)〜(3)の問いに答えなさい。

> a　この平野は、日本でもっとも長い川の下流に広がっており、日本有数の米どころでコシヒカリの産地として知られています。冬の間は雪がたくさん降り、裏作ができないので、夏の稲作に力を入れる（　あ　）地帯です。
> b　この平野は、泥炭地を客土によって改良した結果、広大な稲作地帯にかわりま

した。今では、ななつぼしの産地として知られています。

c　この平野の南西部は、3つの大きな川が流れる低湿地（ていしっち）で、集落や耕地のまわりを堤防で囲む（　い　）が見られ、水田を洪水（こうずい）から守ってきました。

d　この平野は、以前はササニシキ、現在はひとめぼれの産地として知られています。この地域で品種改良の研究がさかんな理由の1つとして、夏の気温が上がらないことからおこる冷害の被害（ひがい）を多く受けてきたことがあげられます。

e　この平野は九州一の米どころで、（　う　）とよばれる用水路が網（あみ）の目のようにはりめぐらされています。また、温暖（おんだん）な気候を利用して、米の裏作としてい草などをつくる二毛作もさかんです。

□(1)　上の文a～eにあてはまる平野の名を下から選び、それぞれ記号で答えなさい。

ア　濃尾平野（のうび）　　イ　筑紫平野（ちくし）　　ウ　越後平野（えちご）
エ　仙台平野（せんだい）　　オ　石狩平野（いしかり）

□(2)　上の文中の（　あ　）～（　う　）にあてはまる語句を下から選び、それぞれ記号で答えなさい。

ア　クリーク　　イ　輪中（わじゅう）　　ウ　水田単作
エ　早場米（はやばまい）　　オ　米の二期作　　カ　水郷（すいごう）

□(3)　下の2つのグラフは、地方別の米の生産割合と都道府県別の米の生産割合をそれぞれあらわしたものです。グラフ中の〔　ア　〕～〔　エ　〕にあてはまる地方の名または都道府県の名をそれぞれ答えなさい。

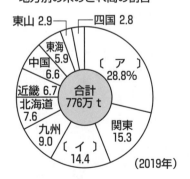

地方別の米のとれ高の割合

東山 2.9／四国 2.8／東海 5.9／中国 6.6／近畿 6.7／北海道 7.6／九州 9.0／〔　イ　〕14.4／関東 15.3／〔　ア　〕28.8%／合計 776万t
（2019年）

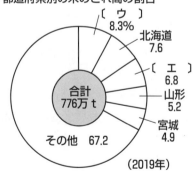

都道府県別の米のとれ高の割合

〔　ウ　〕8.3%／北海道 7.6／〔　エ　〕6.8／山形 5.2／宮城 4.9／その他 67.2／合計 776万t
（2019年）

□問6　文章中の下線部3について、水田の利点や働きとしてふさわしくないものを下から選び、記号で答えなさい。

ア　大雨のとき一時的に水をたくわえる。
イ　耕地の養分をふくんだ土の流出を防ぐ。
ウ　地下水の重要な水源（すいげん）となる。
エ　農薬や化学肥料の中の有害物質を分解する。

レベル B 問題演習

日能研
正答率 80% 〜 50%

◆ 次の日本の漁業について書かれた文章を読んで、あとの各問いに答えなさい。

→ 解答は139ページ

200カイリ水域の実施により、日本の漁船は自由な操業ができなくなり、大きな影響を受けました。最近では資源保護の立場から、 a公海についても200カイリ水域と同じような考え方をとる国がふえてきており、日本の水産業を取りまく環境は、年々きびしいものになってきています。こうした状況のもと、「とる漁業」から b「育てる漁業」への転換の必要性がますます強くさけばれるようになってきました。現在、c日本は世界でも有数の水産物輸入国です。

その一方で、d輸入相手国での環境破壊などが問題となっています。いまや水産資源は地球の共有財産であるという考え方が広まってきており、有数の水産物の消費国である日本は、単にとれるからとる、お金があるから買うというのではなく、これまで以上に資源や環境の保護を第一とする漁業計画を世界にしめしていく必要があります。

□**問1** 文章中の下線部aについて、右の①・②は公海での実施が禁止、または停止された

① 北太平洋でのさけ・ます漁
② 南太平洋でのまぐろやいかなどをとる流し網漁

漁です。①・②の漁が禁止、または停止されるようになった理由としてもっともふさわしいものを下から選び、それぞれ記号で答えなさい。

ア 海にすむ、ほ乳動物や鳥類までも区別なしにとられてしまうから。

イ えさをたくさんまくので、海のよごれがひどくなるから。

ウ この漁で漁獲される魚は、最初に生まれた川のある国が第一に利益を主張できるようになったから。

エ ペンギンやアザラシのえさが少なくなってしまうから。

問2 文章中の下線部bについて、(1)〜(3)の問いに答えなさい。

□(1) 次の地図は、おもな水産物の養殖地をあらわしたものです。地図中のA〜Dにあてはまる水産物を下から選び、それぞれ記号で答えなさい。また、地図中の（ あ ）〜（ う ）にあてはまる地名をそれぞれ答えなさい。

ア はまち
イ わかさぎ
ウ ひらめ
エ かき
オ 真珠
カ ほたて貝

□(2) 「育てる漁業」には養殖のほかに、稚魚（ちぎょ）を放流して天然の資源をふやして漁獲する
（　　　　　）漁業があります。
（　瀬戸内海（せ と ないかい）　）にあてはまる漁業の種類を答えなさい。

□(3) 瀬戸内海では、水質の悪化にともないプランクトンが異常（いじょう）発生し、しばしば養殖業
に大きな被害（ひがい）をあたえてきました。この現象を何といいますか。

問3 文章中の下線部 c について、(1)〜(3)の問いに答えなさい。

□(1) 最近の水産物の輸入についての説明としてふさわしくないものを下から選び、記号
で答えなさい。

　ア 航空機を使って生きたままのきわめて新鮮（しんせん）な状態で輸送されてくるものがふえて
います。

　イ 日本人の食生活が豊かになって、高級水産物が輸入されるようになっています。

　ウ 国内の水産業を保護するために、輸入量を制限したり、高い関税をかけたりして
います。

□(2) 右の円グラフは、日本の輸入水産物のうちわ
けを表したものです。グラフ中の（　　　　　）に
あてはまる水産物の名を答えなさい。

□(3) (2)で答えた水産物の輸入相手国としてふさわ
しくないものを下から選び、記号で答えなさい。

　ア ベトナム　　　　**イ** タイ
　ウ インドネシア　　**エ** アメリカ

おもな輸入水産物

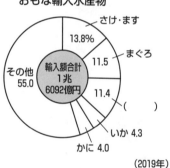

さけ・ます 13.8%
まぐろ 11.5
11.4
（　　）
いか 4.3
かに 4.0
その他 55.0
輸入額合計 1兆 6092億円

(2019年)

□**問4** 文章中の下線部 d について、問3(2)の水産物を輸出している国々では、この水産物の
養殖場を広げるために海岸沿（ぞ）いの森林が伐採（ばっさい）され、自然破壊がおこっています。この伐
採された森林としてふさわしいものを下から選び、記号で答えなさい。

　ア ブナの原生林　　　**イ** マングローブの森
　ウ ソテツの森　　　　**エ** カカオの森

要点ピックアップ

工業地帯・地域の工業生産額の割合（2017年）

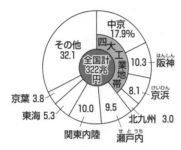

中京 17.9%
阪神 10.3
京浜 8.1
北九州 3.0
瀬戸内 9.5
関東内陸 10.0
東海 5.3
京葉 3.8
その他 32.1
全国計 322兆円
四大工業地帯

（『日本国勢図会2020/21』より）

資料から読む!!

・四大工業地帯への集中をさけ、周辺の新しい工業地域が形成されてきた。

日本のおもな工業地帯・地域

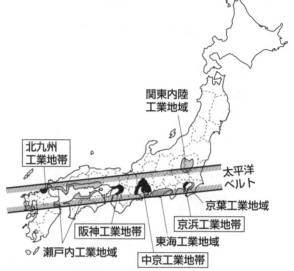

関東内陸工業地域
太平洋ベルト
京葉工業地域
京浜工業地帯
東海工業地域
中京工業地帯
瀬戸内工業地域
阪神工業地帯
北九州工業地帯

おもな伝統的工芸品と産地

● 織物
● 漆器
● 陶磁器
● その他

大館曲げわっぱ（大館ほか）
小千谷ちぢみ、小千谷つむぎ（小千谷ほか）
飛騨春慶塗（高山）
輪島塗（輪島）
加賀友禅（金沢）
九谷焼（能美ほか）
信楽焼（甲賀）
清水焼・西陣織・京友禅（京都ほか）
熊野筆（熊野町）
博多織・博多人形（福岡ほか）
唐津焼（唐津ほか）
伊万里・有田焼（有田町ほか）
備前焼（備前）
奈良筆（奈良ほか）
播州そろばん（小野ほか）
琉球びんがた（那覇ほか）
土佐和紙（いの町ほか）
本場大島つむぎ（奄美ほか）

津軽塗（弘前ほか）
南部鉄器（盛岡・奥州(旧水沢など)）
宮城伝統こけし（大崎(旧鳴子町など)）
天童将棋駒（天童）
会津塗（会津若松ほか）
益子焼（益子町）
結城つむぎ（結城ほか）
伊勢崎がすり（伊勢崎ほか）
美濃焼（多治見ほか）
赤津焼（瀬戸）
本場黄八丈（八丈町）
常滑焼（常滑ほか）
万古焼（四日市ほか）

伝統的工芸品の品質を保証する伝統マーク（伝統証紙）（経済産業省指定）

◆ 次のグラフは、全国にしめる四大工業地帯（京浜・中京・阪神・北九州）とその他の工業地域の生産額割合のうつりかわりをあらわしたものです。これを見て、あとの各問いに答えなさい。

→ 解答は139ページ

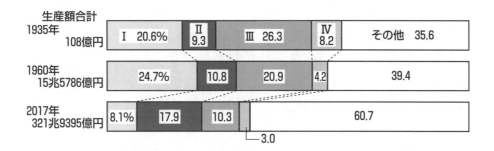

生産額合計
1935年 108億円　I 20.6%　II 9.3　III 26.3　IV 8.2　その他 35.6
1960年 15兆5786億円　24.7%　10.8　20.9　4.2　39.4
2017年 321兆9395億円　8.1%　17.9　10.3　└ 3.0　60.7

□**問1** 次の文は、日本のおもな工業地帯（地域）を説明したものです。上のグラフ中のI〜IVの工業地帯を説明した文を下から選び、それぞれ記号で答えなさい。

ア 政府が官営の製鉄所を建設してから重工業が発達して工業がさかんになりました。石炭や石灰石の産地、原料・製品の輸出入先であるアジア大陸に近かったことなどが発展の理由です。

イ かつては伝統的な陶磁器の生産やせんい工業が中心でしたが、現在では輸送用機械の生産を中心とする機械工業がさかんです。

ウ 大きな工業地帯の間に位置し、鉄道・道路などの交通が便利であったこと、水資源や森林資源、水産物や農産物が豊富であったことなどが要因となり発展しました。

エ 江戸時代から手工業が発達し、戦前は特にせんい工業がさかんで、「東洋のマンチェスター」とよばれていました。戦後は、重化学工業が中心で、内陸部では機械工業もさかんです。

オ 大正時代、浅野総一郎によって運河が建設され、その掘った土で工業用地がつくられたのが発展のきっかけでした。ここには日本有数の貿易港や、多くの企業の本社が集中している地域があります。

カ 海をはさんで広がっていて、昔から海上交通や陸上交通の便にめぐまれており、海岸沿いの埋め立て地や塩田の跡地の利用によって用地を得たこと、河川が多く工業用水が得やすかったことなどから発展しました。

レベル　Ａ　問題演習

問2　次の地図Ａ～Ｄは、四大工業地帯とその工業都市をふくむ地域をあらわしたものです。これについて、(1)・(2)の問いに答えなさい。

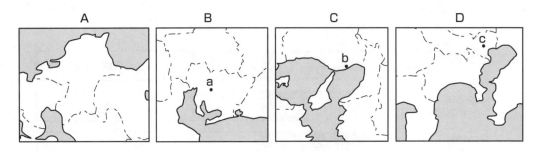

□(1)　前のグラフ中のⅡ・Ⅲにあたる工業地帯がふくまれる地図をＡ～Ｄから選び、それぞれ記号で答えなさい。

(2)　次の文は、地図中の都市ａ～ｃを説明したものです。これを読んで、①・②の問いに答えなさい。

> ａ　この都市は、1938年から自動車の生産をはじめ、今では全国一の自動車生産をほこる都市です。かつては挙母（ころも）という名でした。あとになってこの都市の名は、自動車会社に由来するものにかえられました。
>
> ｂ　この都市は、江戸時代の末に開港され、港の整備がすすみました。それにともない、（　ア　）もさかんになり、現在ではコンテナ基地もかかえ、日本有数の貿易港となっています。
>
> ｃ　人口がもっとも多いこの都市は首都であるため、多くの会社や機関が集中しており、（　イ　）がさかんです。

□①　（　ア　）・（　イ　）にあてはまる工業を下の１～６から選び、それぞれ番号で答えなさい。

| 1　セメント工業 | 2　印刷業 | 3　絹（きぬ）織物工業 |
| 4　造船業 | 5　自動車工業 | 6　製紙・パルプ工業 |

□②　ａ・ｂの都市の名をそれぞれ答えなさい。

問3　前のグラフの「その他」には、1960年代以降（いこう）、四大工業地帯の周辺に発展したいくつかの工業地域がふくまれます。太平洋ベルトをしめした次の地図を見て、あとの(1)・(2)の問いに答えなさい。

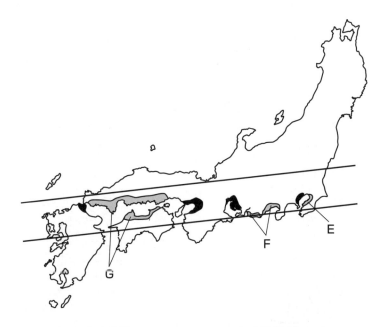

□(1) これらの工業地域が発展してきたのは、四大工業地帯でどのような問題がおこって
きたからですか。正しく説明した文を下から選び、記号で答えなさい。

ア 工業原料の輸入相手国や工業製品の輸出相手国が大きく変化し、新しい貿易港が
必要になったから。

イ 工業用水や工業用地が不足するようになったから。

ウ ドーナツ化現象が進み、人口の減少によって工業製品の消費量も大きく減少した
から。

エ 安価な外国の工業製品が輸入されたことによって、多くの工場が倒産したから。

(2) 次の部分図は、上の地図中のF・Gの工業地域の工業がさかんな都市をあらわした
ものです。これを見て、①・②の問いに答えなさい。

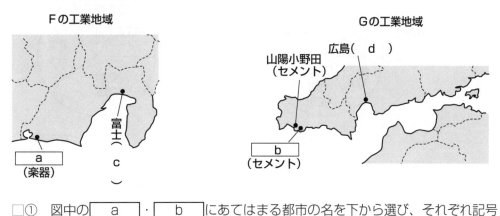

□① 図中の a ・ b にあてはまる都市の名を下から選び、それぞれ記号
で答えなさい。

ア 秩父（ちちぶ）   イ 太田（おおた）   ウ 浜松（はままつ）
エ 横須賀（よこすか）   オ 宇部（うべ）

レベル **A** 問題演習

□② 前の図中の（　c　）・（　d　）にあてはまる工業の種類を問2⑵①の1～6から選び、それぞれ番号で答えなさい。

□**問4** 次の円グラフ①～⑥は、四大工業地帯と2つの工業地域の工業別生産額割合をあらわしたものです。19ページのグラフ中のⅠ～Ⅳの工業地帯と問3の地図中のEにあたる工業地域をあらわすものを①～⑥から選び、それぞれ番号で答えなさい。

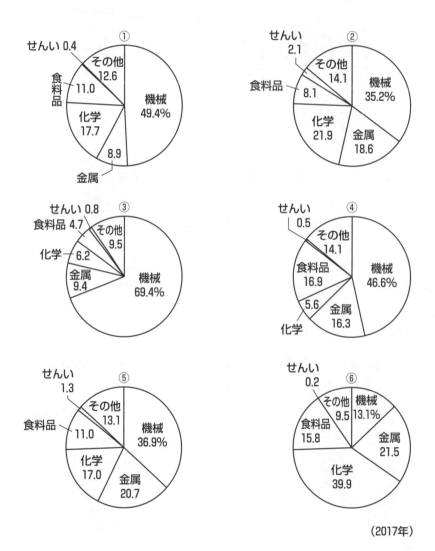

① せんい 0.4　その他 12.6　食料品 11.0　化学 17.7　金属 8.9　機械 49.4%

② せんい 2.1　その他 14.1　食料品 8.1　化学 21.9　金属 18.6　機械 35.2%

③ せんい 0.8　食料品 4.7　その他 9.5　化学 6.2　金属 9.4　機械 69.4%

④ せんい 0.5　その他 14.1　食料品 16.9　化学 5.6　金属 16.3　機械 46.6%

⑤ せんい 1.3　その他 13.1　食料品 11.0　化学 17.0　金属 20.7　機械 36.9%

⑥ せんい 0.2　その他 9.5　機械 13.1%　食料品 15.8　化学 39.9　金属 21.5

（2017年）

レベル **B** 問題演習　　　日能研 正答率 **80%** 〜 **50%**

◆　工場は、さまざまな条件にもとづいて建てられます。この工場立地に関して、あとの各問いに答えなさい。
→ 解答は139ページ

☐**問1**　日本でさかんな４つの工業を取り上げ、それぞれの工場の立地条件や生産のようす、製品の特色について次の表にまとめようと思います。表の１〜４の空らんにふさわしい文をあとのア〜オから選び、それぞれ記号で答えなさい。

工業の種類	工場の立地条件	生産のようすや製品の特色
ＩＣ（電子）工業	1	この工業では、製品の製造にたいへんな精密さを必要とします。そのため、チリひとつ出さないようにした工場内では、作業の自動化が最大限にすすんでいます。
自動車工業	組み立て工場は周辺の工場から各種の部品を運びこみやすい、交通の要地に立地しています。	2
鉄鋼業	3	この工業は、原料の溶解から製品の製造までが巨大な工場内で連続しておこなわれます。製品は、他の工業や建設業などの材料に広く利用されています。
石油化学工業	原料のほとんどを輸入にたよっているので、工場はすべて臨海部に建設されています。	4

　ア　工場は空気や水がきれいで、高速道路や飛行場に近い内陸部に立地しています。

　イ　原料がすべて自給できるので、工場は、原料の産地かそこに近い消費地に立地しています。

　ウ　原料のほとんどを輸入にたよっているため、工場の多くは消費地に近い臨海部に立地しています。

　エ　この工業では、原料から精製されたナフサを用いて、さまざまな製品が生産されています。

　オ　この工業製品は、数万個の部品からできており、その部品のほとんどは関連工場でつくられています。

レベル B 問題演習

□**問2**　前の表中のIC（電子）工業と自動車工業について、IC工場と自動車工場の分布図としてふさわしいものを下から選び、それぞれ記号で答えなさい。

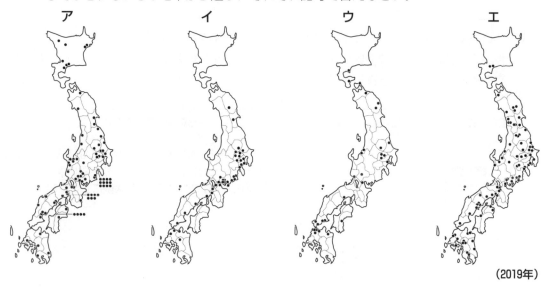

（2019年）

問3　表中の鉄鋼業と石油化学工業について、下の分布図は、製鉄所と石油化学工場の位置をしめしています。これを見て、(1)～(5)の問いに答えなさい。

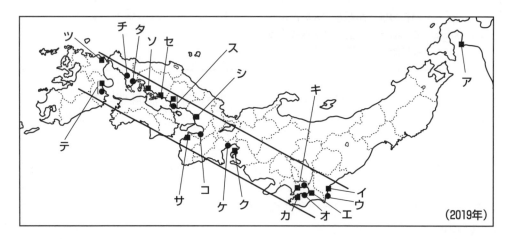

（2019年）

□(1)　鉄鋼業と石油化学工業について、これらの工業で製品を生産するために必要な原料のおもな輸入先としてふさわしくないものを下から選び、記号で答えなさい。

ア	オーストラリア	ブラジル	カナダ
イ	カナダ	アメリカ	ロシア
ウ	オーストラリア	インドネシア	ロシア
エ	サウジアラビア	アラブ首長国	カタール

□(2)　分布図中の●と■のうち、●がしめしているのは製鉄所、石油化学工場のどちらですか。製鉄所なら㋐、石油化学工場なら㋑の記号で答えなさい。

□(3)　分布図には製鉄所と石油化学工場の両方ある工業都市が３つあります。次のＡ・Ｂの文はこのうちの２都市を説明したものです。文をもとにそれぞれの都市の名を答えなさい。
　　Ａ　地図中のキにあたり、この県の県庁所在都市ではないが、政令指定都市である都市
　　Ｂ　地図中のスにあたり、水島地区をかかえる都市

□(4)　次のＣ・Ｄの文は、分布図中の鉄鋼業がさかんな都市を説明しています。それぞれの都市の名を答え、その都市の位置を図中のア〜テから選び、記号で答えなさい。
　　Ｃ　この都市は瀬戸内海に面しており、かつて日本海軍の軍港として栄えました。戦後、旧軍の施設を利用するなどして製鉄所が建設されていきました。現在では造船と鉄鋼の町として知られています。
　　Ｄ　この都市の近くには、夕張炭田など石炭の産地がありました。この石炭を利用した製鉄が1907年からおこなわれました。現在でも、この地方で唯一、鉄鋼業がさかんな都市です。

□(5)　次のＥ・Ｆの文は、分布図中の石油化学工業がさかんな都市を説明しています。それぞれの都市の名を答え、その都市の位置を図中のア〜テから選び、記号で答えなさい。
　　Ｅ　この都市では、高度経済成長のころ、石油化学工場からの煙にふくまれていた亜硫酸ガスが原因の公害病が発生しました。
　　Ｆ　この都市は、東京湾沿いという立地条件を生かして臨海部の開発がすすめられ、となりの袖ヶ浦市にかけて大規模な石油化学工場が立ちならんでいます。工業製品の出荷額は約４兆円で、全国でも有数の工業都市です。

交通と貿易

要点ピックアップ

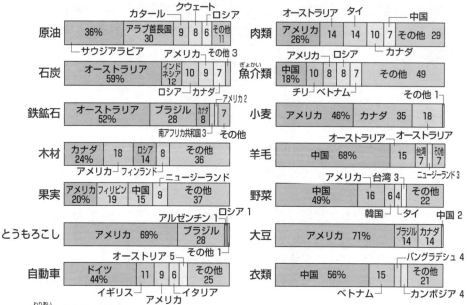

おもな輸入品の輸入相手国

（割合は全体が100％になるように調整していない。金額円による割合、2019年、『日本国勢図会2020/21』より）

資料から読む!!

・原材料や燃料だけでなく、食料品や衣類まで輸入している。
・世界各国から輸入しているが、特に中国・アメリカ・オーストラリアからが多い。

国内輸送の割合の変化

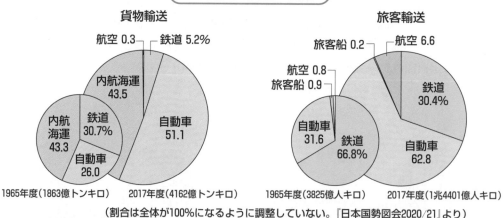

（割合は全体が100％になるように調整していない。『日本国勢図会2020/21』より）

資料から読む!!

・自動車の普及、道路の整備によって、物・人とも自動車輸送が大幅にふえた。

 問題演習

日本の貿易について、あとの各問いに答えなさい。

→ 解答は140ページ

Ⅰ　次の①〜⑥の表は、日本のおもな貿易港の輸出入品の割合をしめしたものです。（2019年、数字の単位は％です。）

① 貿易合計額　17兆3916億円

輸　出　品		輸　入　品	
自　動　車	26.3	液 化 ガ ス	8.4
自動車部品	16.7	石　　　油	7.8
内 燃 機 関	4.3	衣　　　類	7.1
金属加工機械	3.9	絶縁電線・ケーブル	5.1
電気計測機器	3.4	アルミニウム	4.5

② 貿易合計額　23兆4816億円

輸　出　品		輸　入　品	
半導体等製造装置	8.1	通　信　機	13.7
科学光学機器	6.2	医　薬　品	12.3
金(非貨幣用)	5.7	コンピュータ	8.8
電気回路用品	3.9	集 積 回 路	8.4
集 積 回 路	3.6	科学光学機器	6.4

③ 貿易合計額　17兆3151億円

輸　出　品		輸　入　品	
半導体等製造装置	6.7	衣　　　類	8.9
自動車部品	6.5	コンピュータ	5.3
コンピュータ部品	5.4	肉　　　類	4.6
内 燃 機 関	5.0	魚 介 類	4.5
プラスチック	4.2	音響・映像機器	3.5

④ 貿易合計額　8兆8675億円

輸　出　品		輸　入　品	
プラスチック	6.3	た ば こ	6.8
建設・鉱山用機械	5.6	衣　　　類	6.5
内 燃 機 関	3.3	無機化合物	4.2
織 物 類	3.1	有機化合物	3.9
自動車部品	3.0	プラスチック	3.1

⑤ 貿易合計額　11兆8381億円

輸　出　品		輸　入　品	
自　動　車	19.6	石　　　油	12.0
自動車部品	4.5	液 化 ガ ス	4.5
内 燃 機 関	4.5	アルミニウム	3.5
プラスチック	4.0	衣　　　類	3.3
金属加工機械	3.2	有機化合物	3.0

⑥ 貿易合計額　9兆1567億円

輸　出　品		輸　入　品	
集 積 回 路	19.0	医　薬　品	23.2
電気回路用品	6.5	通　信　機	14.2
科学光学機器	6.4	集 積 回 路	6.2
個別半導体	6.2	科学光学機器	4.8
半導体等製造装置	4.8	衣　　　類	2.9

□問1　表①〜⑥のうち、東京港、名古屋港、横浜港にあたるものを選び、それぞれ番号で答えなさい。

□問2　下の文は、表①〜⑥のいずれかの港について説明したものです。どの港について説明したものですか。①〜⑥から選び、番号で答えなさい。

> 　この港には、日本有数のコンテナ基地があり、2つの人工島には大型貨物船がコンテナを積み下ろしできるところがたくさんある。1995年におこった地震で大きな被害を受けた。

レベル **A** 問題演習

□**問3**　日本の各地にある港や空港で取りあつかわれている輸出入品は、その背後にある工業
地帯の性格と深い関係があります。下のア〜エのグラフは、四大工業地帯の生産額割合
をあらわしています。前の表①・③・④の港のある工業地帯を下から選び、それぞれ記
号で答えなさい。

四大工業地帯の生産額割合

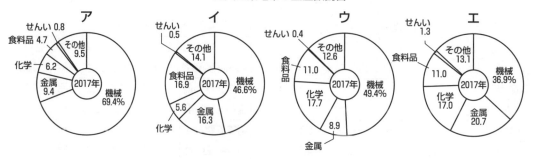

問4　前の表①〜⑥の貿易港の輸出入品について、⑴・⑵の問いに答えなさい。

□⑴　表①〜⑥の輸出品の上位には、自動車や集積回路が多く見られます。これらは、日
本の重要な輸出品となっています。これらのおもな輸出相手国をしめしたグラフを下
から選び、それぞれ記号で答えなさい。

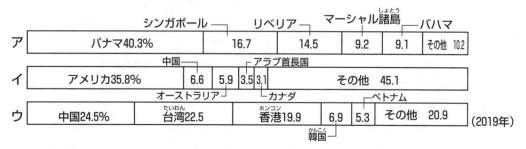

□⑵　表①〜⑥の輸入品の原油、衣類、魚介類、肉類のおもな輸入相手国をしめしたグラ
フを下から選び、それぞれ記号で答えなさい。（ただし、石油の輸入相手国は、原油の
輸入相手国でしめしています。）

						クウェート		
ア	サウジアラビア36%		アラブ首長国30		カタール 9	8	ロシア 6	その他 11
イ	アメリカ 26%	オーストラリア 14	タイ14	カナダ 10	中国 7	その他　29		
ウ	中国56%			ベトナム 15	バングラデシュ 4		その他　21	カンボジア 4
エ	中国18%	チリ 10	アメリカ 8	ロシア 8	ベトナム 7	その他　49		(2019年)

Ⅱ　次の表は、日本の輸出額の多い上位7位までの品目をあげたものです。

	1960年	1980年	2000年	2019年
第1位	A	D	D	D
第2位	綿織物	A	集積回路	自動車部品
第3位	機械類	B	科学光学機器	A
第4位	B	ラジオ	自動車部品	集積回路
第5位	C	二輪自動車	コンピュータ	半導体等製造装置
第6位	化繊織物	エンジン	A	プラスチック
第7位	魚介類	集積回路	電気回路用品	内燃機関

□**問5**　上の表中のA〜Cの輸出品の組み合わせとして正しいものを下から選び、記号で答え
なさい。

	A	B	C
ア	衣　類	船　舶	鉄　鋼
イ	衣　類	鉄　鋼	船　舶
ウ	船　舶	衣　類	鉄　鋼
エ	船　舶	鉄　鋼	衣　類
オ	鉄　鋼	衣　類	船　舶
カ	鉄　鋼	船　舶	衣　類

□**問6**　上の表中のDにあてはまる輸出品の名を答えなさい。

◆ 日本の交通について、次の文章を読んで、あとの各問いに答えなさい。

→ 解答は140ページ

　交通機関は、人や物を運び、結びつけることによって、私たちの生活や産業の発達に大きな役割を果たしています。

　₁現在、おもに利用されている交通機関は、鉄道・自動車・船・航空機で、これらの交通機関の輸送量は、ここ50年ほどの間で大きく変化しています。

　₂鉄道は1872年に開通して以来、全国各地に路線を広げ、日本の交通の中心として発達してきました。しかし、1960年代の中ごろから自動車が普及し始めると、交通の中心は鉄道から自動車へと変化していきました。₃特にトラック輸送では、荷物を指定先まで直接届ける宅配便とよばれる輸送方法がさかんになっています。さらに、₄出発から到着まですべての道のりをトラックで運んでいた荷物を、途中で鉄道などに切り替える方法も取られました。

　また、四方を海に囲まれた日本は、古くから₅海運業がさかんでした。近年は石油を運ぶタンカーや鉄鉱石などを運ぶ鉱石船の大型化、操船の自動化が進み、海上輸送はより便利なものになっています。

　そして、1970年代に入ってその輸送量を大きくのばしたのが航空機です。₆航空機による輸送は、旅客輸送が中心ですが、最近では貨物輸送にも使われるようになりました。

問1　下線部1について、(1)・(2)の問いに答えなさい。

□(1)　下のグラフは、国内輸送にしめる各交通機関の割合の変化をしめしたものです。鉄道・自動車・船・航空機にあたるものをグラフ中のA〜Dから選び、それぞれ記号で答えなさい。

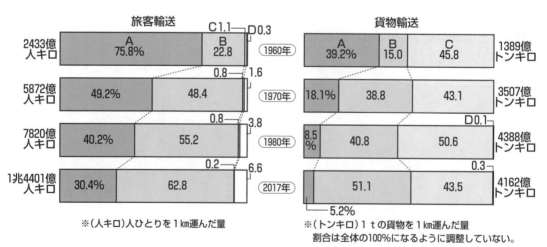

□(2)　下の表は、鉄道・自動車・船・航空機による輸送の特色をまとめたものです。表中の○はⅠ～Ⅳの中でもその特徴が強いことをあらわし、×は反対にその特徴が弱いことをあらわします。また、どちらともいえないことに関しては△になっています。これらの記号をよく見て、表中のⅠ～Ⅳが何かを考えたうえで、表中の①～③にあてはまる文をあとのア～ウから選び、それぞれ記号で答えなさい。

	長距離輸送に適している	地形にとらわれない	①	大量輸送ができる	②	③
Ⅰ	○	○	○	×	○	×
Ⅱ	×	×	×	×	△	△
Ⅲ	○	×	×	○	△	△
Ⅳ	○	○	×	○	○	○

　ア　短時間で輸送ができる
　イ　運ぶ量のわりに費用が安い
　ウ　天候に左右されやすい

問2　下線部2について、(1)・(2)の問いに答えなさい。

□(1)　初めて鉄道が開通した区間は、どことどこの間か答えなさい。

□(2)　その後、国内の鉄道網は広がりをみせ、新幹線が整備されたことで、遠い地域にも比較的手軽に移動できるようになりました。下のア～オのうち、新幹線が通っていない都道府県の名を2つ選び、記号で答えなさい。
　ア　山梨県　　　　イ　新潟県　　　　ウ　愛媛県
　エ　山形県　　　　オ　青森県

□問3　下線部3について、トラックによる輸送を代表するものとして、宅配便があります。宅配便の運送では、仕事を効率的におこなうために、荷物を積み替えるトラック・ターミナルが設けられています。このようなトラック・ターミナルは、どのような場所に設置するのがふさわしいですか。下から2つ選び、記号で答えなさい。
　ア　高速道路のインターチェンジの近く
　イ　外国船の出入りの多い大きな港の近く
　ウ　街の中心からはなれたところ
　エ　商業がさかんで人通りの多いところ

レベル B 問題演習

□**問4** 前の文中の下線部4について、この輸送方法がとられるようになった理由としてあやまっているものを下から選び、記号で答えなさい。

　　ア　トラック運転手の負担を軽くすることができる。

　　イ　貨物をもっと早く受け取り先に届けることができる。

　　ウ　大気汚染の原因となるトラックの排気ガスをへらすことができる。

　　エ　道路の混雑や交通渋滞をやわらげることができる。

□**問5** 前の文中の下線部5について、日本の海運業を説明している文として正しいものを下から選び、記号で答えなさい。

　　ア　近年は貨物・旅客ともに輸送量はのびてきており、海運業の経営は好調となっている。

　　イ　1980年ごろまでは、船は航空機をおさえて海外への旅客輸送の中心であった。

　　ウ　貨物のコンテナ化がすすんだことなどにより、原油や鉱石の輸送が効率よくおこなえるようになった。

　　エ　最近では長距離フェリーが高速化し、以前より早く目的地に到着できるようになった。

□**問6** 前の文中の下線部6について、航空機で輸送される代表的な品物として半導体があげられます。その理由を「ねだん」「重さ」「大きさ」の3つの点から説明しなさい。

第5回 公害と地球環境

要点ピックアップ

四 大 公 害 病

公害病	発生した地域	原因	症状
水俣病	熊本県八代海沿岸	化学肥料工場が排出した有機水銀	神経がおかされる 手足がしびれる
第二水俣病	新潟県阿賀野川流域	化学工場が排出した有機水銀	神経がおかされる 手足がしびれる
四日市ぜんそく	三重県四日市	石油化学コンビナートが排出した亜硫酸ガス	気管支がおかされる
イタイイタイ病	富山県神通川流域	岐阜県の神岡鉱山が排出したカドミウム	骨がおかされる

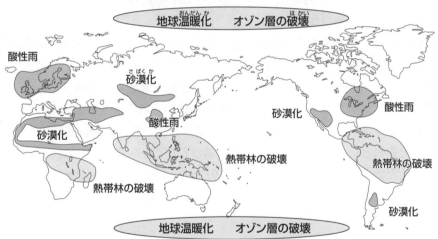

地球規模でおこっている環境問題

地球温暖化　オゾン層の破壊

酸性雨　砂漠化　酸性雨　砂漠化　酸性雨　熱帯林の破壊　熱帯林の破壊　砂漠化　熱帯林の破壊　砂漠化

地球温暖化　オゾン層の破壊

●オゾン層の破壊
→スプレーなどに使われていたフロンガスなどが太陽光にふくまれる紫外線を吸収するオゾン層を破壊し、地球上の生物に害がおよぶ。

●地球の温暖化
→大気中の二酸化炭素の量がふえ、温室効果が強まる。南極や北極周辺の氷がとけ出し、海面が上昇することが予想される。

●酸性雨
→樹木が枯れる、文化財が腐食するなどの被害が、ヨーロッパや北アメリカなどで深刻化している。

●熱帯雨林の減少
→アマゾン川流域などで、住民の焼畑農業などによって、熱帯雨林の面積が急激に減少している。

●砂漠化
→過放牧や過耕作で地力が衰え、不毛の土地が広がり、砂漠となっていく。

 問題演習

◆ 次の文章を読んで、あとの各問いに答えなさい。

→ 解答は140・141ページ

　日本で公害問題が大きく取り上げられるようになったのは、1960年代の（　1　）のころでした。このころの日本は重化学工業が急速に発達しましたが、それと同時に工場から出される有害な物質もふえ、₂各地で公害や公害病があいついで発生しました。こうした状況に対して、国は1967年に（　3　）を制定し、さらに1971年には（　4　）を設置して、公害問題の解決にのり出しました。この（　4　）は2001年に省に昇格しました。

　その後、特定の工場などが原因となって周辺地域の住民に大きな被害を出す「産業型公害」はへっていきました。しかし、その反面、自動車の普及、都市部への過度の人口集中、急速な宅地造成などが原因となる「都市型公害」やさまざまな社会問題が発生するようになってきました。その代表的な例は、自動車の排出ガスにふくまれていた窒素酸化物などの有害物質がおもな原因となって発生した（　5　）、あるいは₆工場や家庭から出るごみの処理問題や生活排水が原因で発生する水質汚濁などでした。

　二度の石油危機を経て1980年代に入ると、それまでとはちがった種類の有害物質が電子部品の工場やごみの焼却炉などから排出され、地下水や大気を汚染していたことが明らかになってきました。また、いろいろな形の環境の悪化が社会的に大きな問題になり、1993年には（　7　）が制定され、さまざまな環境問題への対策が講じられるようになりました。

　このように最近の環境問題は、かつての「公害」のように、有害な物質を排出した企業が加害者で、住民が被害者という単純な関係ではなくなってきています。それは、私たち一人ひとりが被害者であると同時に加害者でもあるからなのです。現在の環境問題を解決していくためには、私たち一人ひとりがふだんのくらしの中で環境を守る努力をすることが必要になってきているのです。

□**問1**　日本では1960年代以前にも鉱山から出る鉱毒が大きな被害をもたらしたことがあります。明治時代に栃木県でおこった　あ　銅山鉱毒事件は、当時の衆議院議員　い　が議会で取り上げたために大きな問題になり、のちに日本の「公害の原点」とよばれるようになりました。
　　　　あ　にあてはまる銅山の名と、　い　にあてはまる人物の名をそれぞれ答えなさい。

□**問2**　文章中の（　1　）には、日本の経済が急速に発展した時期をしめす語句があてはまります。この時期の名を答えなさい。

問3 文章中の下線部2について、次の地図中のA〜Eは公害の発生した場所をしめしたものです。これについて、(1)〜(3)の問いに答えなさい。

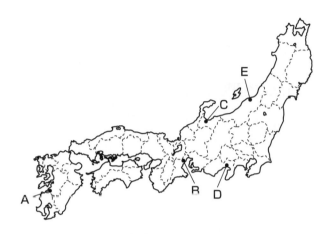

□(1)　次のア〜ウの川の流域や海の沿岸では、水質汚濁が原因となって公害病が発生しました。ア〜ウの地域を地図中のA〜Eから選び、それぞれ記号で答えなさい。

　　ア　神通川　　　　　イ　阿賀野川　　　　ウ　八代海

□(2)　地図中のA〜Cの場所で発生した公害病の原因となった物質の名をそれぞれ答えなさい。

□(3)　地図中のDの港では、製紙・パルプ工場から流された未処理の廃水によって海を汚染する深刻な公害が発生しました。この公害を何といいますか。カタカナ3字で答えなさい。

□**問4** 文章中の（　3　）にあてはまる法律の名と、（　4　）にあてはまる国の役所の名をそれぞれ答えなさい。

問5 文章中の（　5　）について、(1)・(2)の問いに答えなさい。

□(1)　（　5　）にあてはまる、空気中の窒素酸化物などが日光と化学反応をおこして発生し、しびれやめまい、けいれん、頭痛などを引きおこす公害を何といいますか。

□(2)　現在、自動車の排出ガスをへらすために、さまざまな努力がなされています。その努力としてふさわしくないものを下から選び、記号で答えなさい。

　　ア　ノー・マイカー・デーを定めるなどして、特定の日には自動車に乗らないようによびかける。

　　イ　交通量の多い特定の地域では、自動車の排出ガスの規制を強める。

　　ウ　メタノール車や電気自動車といった低公害車の開発と普及をすすめる。

　　エ　自動車会社に対して、自動車の生産を制限するようによびかける。

 **問題演習**

問6　前の文章中の下線部6について、日常生活や産業活動にともなって出されるごみ（廃棄物(はいきぶつ)）を分類すると、次の図のようになります。これを見て、(1)～(3)の問いに答えなさい。

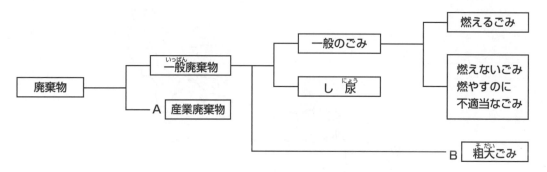

□(1)　一般廃棄物と産業廃棄物はそれぞれどこが責任をもって処理にあたりますか。正しいものを下から選び、それぞれ記号で答えなさい。

　　ア　廃棄物を出した個人や会社
　　イ　国（厚生労働省）
　　ウ　都道府県（政令指定都市の場合は市）
　　エ　市町村（東京23区の場合は区）

□(2)　図中のA・Bに分類されるものを下から2つずつ選び、それぞれ記号で答えなさい。

　　ア　自転車　　　　イ　衣類　　　　ウ　建築廃材　　　エ　ガラス・陶磁器(とうじき)
　　オ　生ごみ　　　　カ　ゴム　　　　キ　家畜(かちく)のふん尿
　　ク　机(つくえ)・たんすなどの家具類

□(3)　ふえ続けるごみの量をへらすために、ごみを種類別に分けて、資源(しげん)として使えるものは再利用することがすすめられています。このようなことを何といいますか。また、再利用された原料を使ってつくられた製品や、地球の環境に悪い影響(えいきょう)をあたえない製品につけられる右のマークを何といいますか。

ちきゅうにやさしい

□**問7**　前の文章中の（　7　）にあてはまる法律の名を答えなさい。

レベル B 問題演習

日能研
正答率　80% 〜 50%

◆　次の年表を見て、あとの各問いに答えなさい。

→ 解答は141ページ

1972年	（　あ　）の首都ストックホルムで、国連人間環境会議開催 …………………①
1972年	（　い　）の首都ナイロビに、世界環境を守るために<u>国連環境計画設置</u>………②
1972年	世界遺産条約採択………………………………………………………………③
1977年	国連砂漠化防止会議開催
1992年	（　う　）のリオデジャネイロで国連環境開発会議開催…………………………④
1993年	北海道の釧路で水鳥の生息する湿地を守るための国際会議開催……………⑤
1997年	（　え　）で地球温暖化防止条約に関する国際会議開催………………………⑥
2001年	アメリカが温室効果ガスの削減目標「（　え　）議定書」から離脱……………⑦
2002年	（　お　）のヨハネスブルクで環境・開発に関する国際会議開催

□**問1**　年表中の空らん（　あ　）〜（　お　）について、（　あ　）〜（　う　）、（　お　）に入る国名として正しい組み合わせを下のア〜エから選び、記号で答えなさい。
　　　また、（　え　）にあてはまる日本の都市の名を漢字で答えなさい。

	あ	い	う	お
ア	スウェーデン	南アフリカ	ブラジル	ケニア
イ	ブラジル	ケニア	スウェーデン	南アフリカ
ウ	スウェーデン	ケニア	ブラジル	南アフリカ
エ	ブラジル	南アフリカ	スウェーデン	ケニア

□**問2**　年表中の①について、この会議でのスローガンを9字で答えなさい。

□**問3**　年表中の②の下線部について、国連環境計画の略称をカタカナで答えなさい。

レベル B 問題演習

□**問4**　前の年表中の③について、この条約にもとづいて、日本国内で最初に登録された自然遺産は、青森県から秋田県にかけて広がる（　か　）山地のぶな林と、樹齢数千年のすぎ林がある鹿児島県の（　き　）島でした。

　　　　（　か　）にあてはまる山地の名と、（　き　）にあてはまる島の名をそれぞれ答えなさい。

□**問5**　前の年表中の④について、この会議は、数多くの国の首脳が参加したことから特に何とよばれていますか。

□**問6**　前の年表中の⑤について、この会議は釧路湿原のようにおもに水鳥の生息する貴重な湿地を保護するための条約を締結した国々が集まって開かれたものです。この条約の名を答えなさい。

問7　前の年表中の⑥・⑦について、(1)・(2)の問いに答えなさい。

□(1)　⑥では、世界約170か国の代表が集まり、議論の末、温室効果ガスの削減目標を定めた「（　え　）議定書」を採択しました。しかし、地球温暖化防止にはなおむずかしい問題があります。その問題点を説明した文としてふさわしいものを下から選び、記号で答えなさい。

　　ア　温室効果ガスを排出しないエネルギー源の開発は技術的・経済的に困難で、どの国もかならず経済成長する現代では、温室効果ガス排出量の増加はさけられない。

　　イ　多くの大企業が世界各地に工場を建設するようになり、先進国だけの問題であった地球温暖化が、世界各地に広まっていくことを防ぐのはむずかしい。

　　ウ　工業をこれから発展させ、国を豊かにしようとしている多くの発展途上国は、地球温暖化防止の取り組みに対して、現在の温暖化の原因をつくった先進国と対立することが多い。

□(2)　⑦のように、アメリカは温室効果ガスの削減目標を定めた「（　え　）議定書」から離脱しました。この理由としてふさわしくないものを下から選び、記号で答えなさい。

　　ア　温室効果ガスの削減は、自国の産業や国の財政に大きな負担をかけると考えたため。

　　イ　削減目標に発展途上国の温室効果ガスの目標が定められていなかったため。

　　ウ　温室効果ガスの削減目標の数値が低すぎて、各国の経済が発展しないため。

要点ピックアップ

時代	西暦	で き ご と
旧石器時代		○ほら穴や岩かげなどに住み、狩り・採集をして生活していた ○打製石器を使っていた 例岩宿遺跡(群馬県)や野尻湖遺跡(長野県)
縄文時代	1万年前ごろ	○縄文土器が使われるようになった ○磨製石器や骨角器が使われるようになった ○竪穴住居に住み、その近くには貝塚とよばれるごみすて場があった 例大森貝塚(東京都)が代表的 ○まじないや祈りに使ったと思われる土偶という人形がつくられた ○成人が歯をぬく抜歯や、死者の手足を折り曲げて埋める屈葬などの風習があった
弥生時代	紀元前(B.C.)400〜300年	○稲作が伝わり、貧富の差や身分のちがいが生まれた ○鉄器や青銅器といった金属器が使われるようになった ○弥生土器が使われるようになった ○米を保存するための高床倉庫がつくられるようになった
	紀元前(B.C.)100年ごろ	このころ日本は倭とよばれ、100あまりの小国に分かれていた
	57年	倭奴国王が中国(漢)に使いを送り、金印を授けられる
	239年	邪馬台国の女王卑弥呼が中国(魏)に使いを送る

 **問題演習**

日能研 正答率 100% 〜 80%

◆ 旧石器時代から弥生時代を下の表のようにまとめました。この表について、あとの各問いに答えなさい。
→ 解答は141ページ

時 代	西 暦	社会の様子	道 具
旧石器時代	今から1万年以上前	狩り・採集の生活 ほら穴に住む	（ 1 ）石器をつくるようになる
（ 2 ）時代	今から1万年前〜 紀元前300年ごろ	狩り・漁・採集の生活 ₃住居をつくって住むようになる	（ 4 ）石器をつくるようになる 土器をつくるようになる
弥生時代	紀元前300年〜 紀元後300年ごろ	₅稲作がおこなわれるようになる	₆新しい土器をつくるようになる ₇金属器を使うようになる

□**問1** 表中の（ 1 ）・（ 2 ）・（ 4 ）にあてはまる語句をそれぞれ答えなさい。

□**問2** 下線部3について、この時代の住居は右の写真のような形をしていました。このような住居を何というか答えなさい。

□**問3** 下線部5について、稲作がおこなわれるようになり、どのような変化がおこりましたか。下からあやまっているものを選び、記号で答えなさい。
ア 稲作をするための水と平地を求めて低地に住むようになった。
イ 稲作が始まっても、えものを狩るために移動生活をし続けていた。
ウ 集落（ムラ）の規模が大きくなり、指導者があらわれ、身分の差が生じた。
エ 自分のものと他人のものを区別する考えが生まれ、貧富の差が生じた。

□**問4** 下線部6について、この新しい土器の特徴を下からすべて選び、記号で答えなさい。
ア 比較的高温で焼かれるため、丈夫である。
イ 西日本で多く発見される。
ウ 黒っぽい色をしており、厚手である。
エ 全体的に丸みを帯び、単純な形のものが多い。

□**問5** 下線部7について、この当時使われていた金属器には、実用的な道具として農具や武器などに使われていた（　8　）器と、おもに祭りのときに使われていた（　9　）器がありました。
（　8　）・（　9　）にあてはまる語句をそれぞれ答えなさい。

問6 それぞれの時代に、人々がどのような生活を送ってきたかを知る手がかりとして、多くの遺跡(いせき)があります。これについて、(1)・(2)の問いに答えなさい。

□(1) ①〜④の各文は表中の3つの時代の遺跡についてのべたものです。旧石器時代の遺跡ならA、（　2　）時代の遺跡ならB、弥生時代の遺跡ならCとそれぞれ記号で答えなさい。また、①〜④の遺跡の名をそれぞれ答えなさい。

① 青森県にあるこの遺跡からは、大きな柱の跡(あと)や作物の栽培(さいばい)を思わせるひょうたんなどの種が発見された。

② 静岡県にあるこの遺跡からは、約7ヘクタールにもおよぶ水田跡や多数の木製農具が発見された。

③ 佐賀県にあるこの遺跡からは、濠(ほり)で囲まれた集落の跡や物見やぐらの跡が発見された。

④ 長野県にあるこの遺跡からは、ナウマンゾウ・オオツノジカの化石が発見された。

□(2) (1)の遺跡のほかに、当時の生活を知る手がかりに貝塚(かいづか)があります。この貝塚からは貝がら、動物の骨(ほね)、木の実や食べものの残りなどが発見されるので、貝塚は当時のごみすて場だったと考えられています。

次の地図は関東地方の貝塚の分布図です。この地図について、気がついたことや調べたことを下の文章のようにまとめました。文章中の下線部ア〜ウのうち、あやまっているものを選び、記号で答えなさい。

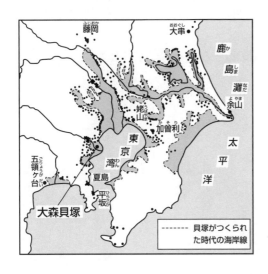

貝塚は<u>ア海岸線にそって存在(そんざい)し</u>ており、昔の海岸線は現在とことなり、<u>イ内陸部へ入りこんでいる</u>。海岸線が内陸部へ入りこんでいるのは、当時の平均気温が<u>ウ現在より低くなっていた</u>ためである。

レベル B 問題演習

◆ 次の①〜⑥は、旧石器〜弥生時代の遺跡についてのべたものです。これらについて、あとの各問いに答えなさい。

→ 解答は142ページ

① 1949年、考古学の愛好家だった相沢忠洋によって、現在の（　A　）県桐生市郊外で発見されました。₁1万年以上も前の赤土の地層から打製石器が発見され、これにより、縄文文化よりも古い文化の存在が明らかになりました。

② 長野県の（　B　）湖では1962年以来、湖底の発掘調査がおこなわれ、（　C　）ゾウやオオツノジカの化石が発見されました。

③ 1877年に、アメリカの動物学者の（　D　）によって発見されました。たくさんの土器のかけらが採集されました。

④ 福井県三方町で発掘され、動物や魚の骨、木の実などが見つかり、当時の人々の食生活をうかがい知る手がかりとなりました。

⑤ 静岡県にあり、1947年から開始された調査の結果、₂水田の跡や当時の住居の跡と₃倉庫をふくむ集落の跡などが確認されました。

⑥ 佐賀県で発見され、国内最大規模の₄二重の濠で囲まれた集落の跡が発見されました。

□問1 ①・②の（　A　）〜（　C　）にあてはまる地名や語句をそれぞれ答えなさい。

□問2 ③の（　D　）にあてはまる人物の名を答えなさい。

□問3 ③・④の時代の人々は、移動しながらおもに狩りなどをしてくらしていました。このため、当時の人々は、どのような場所に住居をつくっていましたか。下から選び、記号で答えなさい。
ア 小高い丘や台地　　　イ 川や池に近い低地　　　ウ けわしい谷

□問4 下線部1について、この赤土の地層のことを何といいますか。

☐ **問5** 下線部2について、水田の跡により稲作がおこなわれていたことが確認されました。下の写真は石を加工した道具で、稲作に用いられたものです。この道具の名を答えなさい。また、これの使い道として正しいものを次のア〜エから選び、記号で答えなさい。

ア 稲を脱穀するためのもの
イ 水田の土を掘りおこすためのもの
ウ 稲穂を刈り取るためのもの
エ 苗を植えるためのもの

☐ **問6** 下線部3について、この倉庫は、ある目的のために床を高くして地面からはなしてつくられています。この目的としてふさわしいものを下から選び、記号で答えなさい。
ア 強い風による倉庫の倒壊を防ぐため
イ 地震による倉庫のゆれを少なくするため
ウ 地面からの湿気が倉庫内に入らないようにするため
エ 風雨による倉庫のいたみを最小限にするため

☐ **問7** 下線部4について、集落の周囲に二重の濠をつくった理由としてふさわしいものを下から選び、記号で答えなさい。
ア 集落内で使った汚水を流すため
イ 農業用水を確保するため
ウ 外敵の侵入を防ぐため
エ 飲料水を確保するため

☐ **問8** ①・③・⑤の遺跡の名をそれぞれ答えなさい。

第7回 古墳・飛鳥時代（大和時代）

 要点ピックアップ

時代	西暦	で　き　ご　と
古墳時代	300年ごろ	○古墳がつくられるようになる ↓ 日本独特の形である前方後円墳、まわりに埴輪がならべられる **大和政権が国内の統一を進める**
	538年	○百済から仏教が伝来する
飛鳥時代	587年	蘇我氏が物部氏を滅ぼす
	593年	**聖徳太子が推古天皇の摂政になる**
	603年	冠位十二階が制定される
	604年	十七条の憲法が制定される
	607年	○法隆寺ができる 小野妹子が遣隋使として派遣される
	630年	第1回遣唐使が派遣される
	645年	**中大兄皇子と中臣鎌足が蘇我氏を滅ぼし、大化の改新が始まる**
	663年	白村江の戦いで、日本軍が唐・新羅連合軍に敗れる
	672年	**壬申の乱がおこる**→大海人皇子が大友皇子を滅ぼして、天武天皇 となる
	694年	持統天皇が都を藤原京に移す
	701年	刑部親王・藤原不比等により、**大宝律令が完成する**
	708年	○和同開珎という貨幣がつくられる

◆ 次のⅠ・Ⅱの文章を読み、あとの各問いに答えなさい。

→ 解答は142ページ

Ⅰ

　弥生時代の終わりごろから、より強い「くに」が弱い「くに」をしたがえて、国内に大きな「くに」のまとまりができるようになりました。これらの「くに」のうち、大和地方を中心とする勢力がやがて力をのばしていき、4世紀末までに（　　　　　　　　　　）を支配下に治め、国内を統一しました。

問1　下線部について、この勢力が大和政権（大和朝廷）です。これについて、(1)〜(4)の問いに答えなさい。

□(1)　大和地方は現在の何県にあたりますか。

□(2)　大和政権の中心人物で、現在の天皇の祖先にあたる人物を何といいますか。漢字2字で答えなさい。

□(3)　大和政権の政治のしくみについて、正しく説明した文を下から選び、記号で答えなさい。

　ア　(2)で答えた人物が、けらいである豪族たちに対し、その軍事力に応じて役職をあたえた。

　イ　(2)で答えた人物が、けらいである豪族たちに対し、その家柄に応じて役職をあたえた。

　ウ　(2)で答えた人物が、けらいである豪族たちに対し、その政治能力に応じて役職をあたえた。

□(4)　（　　　　　　　　　　）にあてはまる文を下から選び、記号で答えなさい。

　ア　九州地方中部から中部地方までの一帯

　イ　九州地方中部から関東地方までの一帯

　ウ　九州地方中部から北海道地方までの一帯

問2　Ⅰの文章でしめされている時代には、日本各地に古墳が多くつくられました。これについて、(1)・(2)の問いに答えなさい。

□(1)　古墳の説明としてまちがっているものを下から選び、記号で答えなさい。

　ア　古墳がつくられたのは、その人物の生前の権力の大きさをしめすためであったと考えられている。

　イ　現在発見されているもののうち、大規模な墓のほとんどは、九州地方で発見されている。

　ウ　巨大な墓は、どれいなどを総動員して古墳の主が生きているうちから、長い年月をかけてつくられた。

□(2) 右の写真は、仁徳天皇の墓と考えられているもので、墓としては世界最大の面積をもつものです。古墳のうち、このような形のものを何といいますか。

― Ⅱ ―
　6世紀の終わりごろ、豪族どうしの権力争いがはげしくなり、政治は乱れました。592年、暗殺された崇峻天皇にかわり（　　　　）天皇が即位すると、その翌年、摂政として聖徳太子が実際の政治をおこなうようになりました。

問3　Ⅱの文章について、(1)〜(5)の問いに答えなさい。

□(1)　文章中の（　　　　）にあてはまる天皇の名を答えなさい。

□(2)　文章中の下線部について、摂政の説明としてもっともふさわしいものを下から選び、記号で答えなさい。

　ア　天皇が政治をおこなう際、常に天皇に助言をあたえ、補佐する役職である。

　イ　天皇が病気になって政治をおこなえなくなったとき、代わりに政治をおこなう役職である。

　ウ　天皇が幼かったり、女性であるとき、天皇の仕事を補佐する役職である。

　エ　天皇がかわったときに、しばらくの間、新しい天皇の仕事を補佐する役職である。

□(3)　聖徳太子は、603年に冠位十二階の制度を定めました。この制度の目的として正しいものを下から選び、記号で答えなさい。

　ア　その人物の家柄と能力にもっともふさわしい役職をあたえる。

　イ　家柄にかかわらず、より能力の高い人物を役人に採用する。

　ウ　家柄や能力に関係なく、いろいろな豪族に役職をあたえ、豪族間の争いをしずめる。

(4)　下の史料は、聖徳太子が604年に定めたきまりの一部です。これについて、①・②の問いに答えなさい。

　一、和をとうとび、争いをやめ、さからうことのないように心がけよ。
　二、あつく三宝をうやまえ。三宝とは、仏・法・僧のことである。
　三、詔をうけたら、必ずつつしんでそれにしたがえ。君を天とし、けらいを地とする。

□① このきまりの名を答えなさい。

□② このきまりの説明としてまちがっているものを下から選び、記号で答えなさい。

ア 政治のしくみや政治に関するきまりごとを定めたものである。

イ 役人たちが守るべききまりや、こころがまえを定めたものである。

ウ このきまりで定められていることがらには、仏教や儒教（じゅきょう）の影響（えいきょう）が見られる。

(5) 次の写真は、聖徳太子が活躍（かつやく）していた時代に建てられた寺院です。これについて、①・②の問いに答えなさい。

□① この寺院の名を答えなさい。

□② この寺院の説明としてまちがっているものを下から選び、記号で答えなさい。

ア この建物の中には釈迦三尊像（しゃかさんぞんぞう）や、玉虫厨子（たまむしのずし）などの工芸品が収（おさ）められている。

イ エンタシスの柱や、唐草文様（からくさもんよう）の彫刻（ちょうこく）は、日本とヨーロッパとの間に国交があったことをしめしている。

ウ 木造建築の建物としては世界最古のものであり、飛鳥（あすか）文化を代表する寺院建築である。

レベル **B** 問題演習

日能研
正答率 **80%** ～ **50%**

◆ 次の文章を読んで、あとの各問いに答えなさい。

→ 解答は142ページ

聖徳太子の死後、蘇我氏が実権をにぎると、国内の政治は大きく乱れました。聖徳太子と同じく、天皇を中心とした政治のしくみを理想と考えた（　１　）は、645年、同じ考えをもつ中臣鎌足らと協力して、蘇我氏の長であった蘇我◻︎◻︎◻︎をたおし、中国の（　２　）を手本とした新しい政治制度をうちたてました。

□問1　文章中の（　１　）・（　２　）にあてはまることばをそれぞれ答えなさい。ただし、（　１　）にはふさわしい人物の名を漢字で、（　２　）には当時の中国の王朝の名をそれぞれ答えなさい。

□問2　文章中でしめされている645年から始まった政治の改革を何といいますか。

□問3　文章中の◻︎◻︎◻︎にあてはまる名を答えなさい。

問4　次の史料は、文章中の新しい政治制度をしめしたものです。これについて、(1)～(4)の問いに答えなさい。

> 一、₁天皇や豪族の私有民や土地、そして特に、豪族がもっている私有民や私有地を廃止せよ。
> 二、都の制を定め、諸国に国司や郡司を派遣し、₂防人や駅馬をおけ。
> 三、人口や土地を調べ、₃班田収授の法をつくれ。
> 四、今までおこなわれていたみつぎものや力仕事の制度をやめて、₄新しい税制度にする。

□(1)　下線部１について、このように国内の土地や人はすべて国のものであるとする原則を何といいますか。また、このような原則が定められた理由として、ふさわしいものを下から選び、記号で答えなさい。

ア　国民のための政治をおこなうのに、天皇や豪族が、土地や人民を支配することは許されないから。

イ　豪族が土地や人民への支配を広げ、より権力を強めるのを防ぐため。

ウ　国内で土地や人民をめぐる皇族や豪族どうしの争いが激しく、これをしずめる必要があったから。

□(2)　下線部2について、この読み方をひらがなで答えなさい。また、この説明として正しいものを下から選び、記号で答えなさい。

　　ア　北九州の警備にあたる兵士である。

　　イ　天皇のいる都の警備にあたる兵士である。

　　ウ　都に納める稲などを運ぶ役職である。

□(3)　下線部3について、これは中国にならった制度ですが、この説明として正しいものを下から選び、記号で答えなさい。

　　ア　人民に家と土地を貸しあたえ、その賃料として、稲を納めさせる制度である。

　　イ　人民に土地を貸しあたえるかわりに耕作をさせ、稲を税として納めさせる制度である。

　　ウ　国の命令により、人民が決められた期間荒れ地を開拓し、新しい田畑をつくる制度である。

□(4)　下線部4について、下のア〜エのうち、この新しい税制にはふくまれていないものを選び、記号で答えなさい。

　　ア　地方の特産物を納める税

　　イ　都で決められた期間働くこと

　　ウ　決められた土地の金や銀を納める税

　　エ　地方の役人の命令にしたがって働くこと

問5　問4のきまりが出されたあとの国内のようすについて、次の文章を読み、(1)・(2)の問いに答えなさい。

　　問1の（　1　）で答えた人物は都を近江大津宮に移すと、668年に（　あ　）天皇となり、国内の政治をととのえました。しかし、その3年後に（　あ　）天皇が亡くなると、その皇子である大友皇子と（　あ　）天皇の弟である大海人皇子との間で天皇の位をめぐる争いがおこりました。結局、大海人皇子がこの争いに勝利し、（　い　）天皇となり、強力な権力のもと、新しい政治制度を築いていきました。

□(1)　文章中の（　あ　）・（　い　）にあてはまる天皇の名をそれぞれ答えなさい。

□(2)　文章中の下線部について、この争いを何といいますか。

要点ピックアップ

時代	西暦	で き ご と
奈 良 時 代	710年	元明天皇が都を奈良に移す―平城京
	712年	○稗田阿礼・太安万侶によって「古事記」が完成する
	713年	○各地の地名の由来や産物などについて書いた「風土記」がつくられる
	717年	阿倍仲麻呂が唐に渡る
	720年	○舎人親王らによって「日本書紀」が完成する
	723年	制限つきで土地の私有を認める三世一身の法が制定される
	724年	聖武天皇が即位する
	741年	○全国に国分寺・国分尼寺を建立する詔が出される
	743年	土地の私有を永久に認める墾田永年私財法が出される
		○大仏建立の詔が出される
	752年	東大寺の大仏が完成する
	754年	○唐の僧、鑑真が来日する
	756年	○聖武天皇の遺品が収められている正倉院が建てられる
	766年	道鏡が法王の位につく
		○日本でもっとも古い歌集である「万葉集」がつくられる

レベル **A** 問題演習　　　日能研 正答率 100% 〜 80%

◆ 大化の改新によって、それまでとはことなる新しい政治のしくみがうちたてられました。奈良時代に入ると、日本は本格的にこの政治制度のもとに治められていくこととなりました。奈良時代の日本の政治のようすについて、あとの各問いに答えなさい。

→ 解答は142・143ページ

問1 710年、元明天皇は政治の本拠地となる都を現在の奈良市に移しました。これについて、(1)〜(3)の問いに答えなさい。

□(1) 710年、奈良に開かれた都を何といいますか。

□(2) この都についての説明としてまちがっているものを下から選び、記号で答えなさい。
　ア この都の道路の整備のしかたや、建物などのつくりは、当時の中国の都のつくりを手本とした。
　イ この都は、道路が天皇の住まいを中心に円状に広がっているのが特徴である。
　ウ この都の工事には多くの農民がかり出され、農民にとって大きな負担となった。
　エ 都の中には、天皇の住まいや役所だけでなく、寺院も建てられた。

□(3) 都においては、貨幣の流通をはかろうと、たびたび銅銭や銀銭がつくられました。708年、元明天皇の時代につくられたとされる貨幣の名を答えなさい。

問2 刑罰を定めたきまりや、政治に関するきまりを柱とするこの時代の政治のしくみを律令制度といいます。これについて、(1)・(2)の問いに答えなさい。

□(1) 律令制度は、刑部親王や藤原不比等らによってつくられたきまりにまとめられています。このきまりの名を答えなさい。

□(2) 律令制度の説明としてまちがっているものを下から選び、記号で答えなさい。
　ア 全国を国・郡・里に分け、国には地方の豪族から任命された国司が、郡には有力な農民の中から任命された郡司がそれぞれおかれた。
　イ 天皇を中心とするしくみであるとともに、都にある二官八省の役所を中心に国の政治をおこなわせる中央集権のしくみが取られていた。
　ウ 古墳・飛鳥時代には、豪族などが土地や農民を自分のものとして支配していたが、律令制度によって、このようなことは禁止された。

問3 国の財源をささえる税制度についても、中国のしくみが手本とされました。次の史料は、当時の税のしくみについてのべたものです。これについて、(1)・(2)の問いに答えなさい。

 問題演習

A
- （6歳以上の男女について、）（　1　）は男に2反あたえる。また、女はその3分の2とする。
- 田は（　2　）年ごとにつくられる戸籍にもとづいてあたえられる。

B
- 1調の税の品は近所どうしでまとめなさい。
- 2調 庸の税の品は、両端に……戸主の姓名、年月日をしめし、それぞれの国の印をおしなさい。

---

(1)　Aの史料について、律令制度のもと、農民は国からあたえられた田を耕し、税を納めました。

　□①　（　1　）にあてはまる、国から農民にあたえられる田の名を漢字3字で答えなさい。

　□②　（　1　）の田は、国が全国の土地や人口を調べて作成した戸籍にもとづいてあたえられました。この戸籍は何年ごとに見直されることになっていましたか。（　2　）にあてはまる数字を答えなさい。

　□③　農民はとれた稲の3％を税として納めました。この税の名を1字で答えなさい。

(2)　Bの史料は「調」・「庸」とよばれる税についてしめしたものです。

　□①　下線部1の「調」の説明としてふさわしいものを下から選び、記号で答えなさい。

　　ア　国の命令で10日以内の労働をするかわりに布を納める税
　　イ　絹・塩・鉄・海産物など各地の特産物を納める税
　　ウ　家族の人数におうじてかけられる布で納める税

　□②　下線部2について、これらのことがらは右の写真のような木の札に書かれ、荷札として調の品につけられていることが多かったようです。この木の札を何といいますか。

□③ 「調」・「庸」はどのようにして納められていましたか。ふさわしいものを下から
選び、記号で答えなさい。

ア 農民が自分で都まで運ばなければならなかったが、都から遠い地域にいる者
は免除された。

イ 農民が自分で都まで運ばなければならなかったが、家族が少なく、農作業の
人手が足りなくなる場合は免除された。

ウ 農作業の期間や住んでいる地域に関係なく、いずれも農民が自分で都まで運
ばなければならなかった。

エ いずれも各国を治める役人が集め、都まで運んだ。

問4 奈良時代が始まってから10年もすると、人口の増加などから農民にあたえる田が不足
し始めました。そこで国は、耕地をふやすことを目的に723年に三世一身の法を定めまし
たが、思ったような成果はあがりませんでした。このことについて、(1)〜(3)の問いに答
えなさい。

□(1) 次の史料は三世一身の法をしめしています。このきまりが出されても耕地がふえな
かった理由をあとのア〜ウから選び、記号で答えなさい。

> 近ごろ百姓はだんだん多くなり、それにつれて土地は少なくなってきた。だか
> ら、開こんを国中にすすめたい。それで、新しく溝や池などのかんがい設備をつ
> くって開こんした者には、その土地を三代にわたってあたえ、もとからある溝や
> 池を利用したときは、その人一代にあたえることにする。

ア 新たに田畑を開いても、結局は国に返すこととなり、農民の意欲があまり高まら
なかったから。

イ 新たに田畑を開けば、農民の負担はかえって重くなり収入がへってしまうから。

ウ 田畑を開き、池や用水路もつくらなければその土地を自分のものにできず、大変
だったから。

(2) 結局、743年に三世一身の法にかわる新しいきまりが定められました。このきまりで
は、新たに田畑を開いたものに、永久にその土地の私有を認めることとしました。

□① 743年に定められたこのきまりの名を答えなさい。

□② 土地の私有を認めたことで、朝廷は自ら律令制度のおおもととなる原則をくず
してしまったといえます。当時の税制度のかなめであったこの原則を漢字4字で
答えなさい。

レベル A 問題演習

□(3) (2)の①で答えたきまりが定められたことにより、社会のようすはどのように変化しましたか。ふさわしいものを下から選び、記号で答えなさい。

ア 農民による土地の私有化が進むとともに、農民のくらしは以前よりもゆたかになった。

イ 貴族や寺社などが経済力を生かし、農民や浮浪人を使って、次々と私有地をふやしていった。

ウ おもに地方の豪族が開こんを進め、経済力を強めると、朝廷の権力をおびやかすようになった。

問5 6世紀に日本へ伝えられた仏教は、着実に国内に根づいていきました。そして奈良時代は律令制度が整った時期であるとともに、仏教と政治が結びついた時代でもありました。これについて、下の文章を読んで、(1)～(3)の問いに答えなさい。

724年に天皇の位についた（ あ ）天皇は、仏教を厚く信仰し、積極的に保護しました。また、国ごとに（ い ）を、都には全国の（ い ）の中心となる（ う ）を建てさせました。

□(1) （ あ ）にあてはまる天皇の名を答えなさい。また、（ い ）・（ う ）にあてはまる寺の名を、それぞれ漢字3字で答えなさい。

□(2) 752年、（ う ）には大仏が建立されました。橋の建設など社会事業につとめるとともに、大仏の建立にも大きく貢献した僧の名を答えなさい。

□(3) このように（ あ ）天皇が寺や大仏を建立した理由としてもっともふさわしいものを下から選び、記号で答えなさい。

ア 仏教をうやまっていることをしめし、中国との交流をより深めるねらいがあったから。

イ 政治の乱れや疫病の流行など、世の中の不安を仏教の力でしずめようとしたから。

ウ 天皇としての権力の強さを国内や海外にしめそうとしたから。

レベル B 問題演習

◆　奈良時代の日本のようすを見てみると、政治制度だけではなく、文化についても中国の影響が非常に強くあらわれています。奈良時代の日本と中国のつながりや日本の文化について、あとの各問いに答えなさい。

→ 解答は143ページ

Ⅰ　奈良時代の日本と中国のつながりについて

問1　日本は 7 世紀初めから 9 世紀終わりにかけて、中国に使いを送り、政治や文化について学んでいました。奈良時代はこうした日本と中国との交流がさかんであった時期といえます。このことについて、⑴～⑶の問いに答えなさい。

□⑴　この中国に送られた使いの説明としてまちがっているものを下から選び、記号で答えなさい。

ア　この使いには多くの留学生や留学僧が派遣された。

イ　当時の航海技術は十分ではなかったため、船が難破し、漂流することもたびたびあった。

ウ　この使いには多くの商人も派遣され、中国との間で貿易もさかんにおこなわれた。

⑵　右の地図は当時の日本と中国との交通路をしめしています。

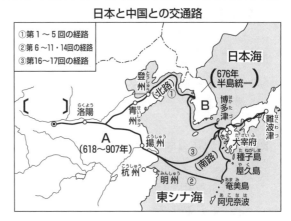

日本と中国との交通路

①第 1 ～ 5 回の経路
②第 6 ～11・14回の経路
③第16～17回の経路

□①　地図中のAにあてはまる当時の中国の王朝の名を答えなさい。また、〔　　〕にあてはまるAの王朝の都の名を答えなさい。

□②　地図中のBには、676年に朝鮮半島を統一した国の名があてはまります。この国の名を答えなさい。

□③　地図を見ると、中国に使いが送られていた初めのころと終わりのころとでは、航路がかわっているのがわかります。この理由を下から選び、記号で答えなさい。

ア　北路にくらべ、南路のほうが海もおだやかで安全であることがわかったから。

イ　Bの国との関係が悪くなったために、北路を通るとBの国から攻撃を受ける危険があったため。

ウ　北路にくらべ、南路のほうがより短い時間で中国にたどりつけることがわかったから。

レベル B 問題演習

□(3) 下の写真Aは中国の僧をしめしています。彼（かれ）は日本からの使いの求めに応じ、754
年、6度の航海の末来日し、日本に初めて戒律（かいりつ）を伝えました。この僧の名を答えなさ
い。また、写真Bはこの僧が建てた寺をしめしています。この寺の名を答えなさい。

写真A

写真B

Ⅱ 奈良時代の日本の文化について

□問2 このころの文化は寺や仏像など仏教色の強いものが中心で、ところどころに当時の中
国の強い影響が見られます。都を中心に栄えた、このような奈良時代の文化を何といい
ますか。

問3 右の写真は正倉院（しょうそういん）をしめしていま
す。この建物には、当時の天皇（てんのう）のさま
ざまな愛用の品々などが収（おさ）められてい
ます。これについて、(1)・(2)の問いに
答えなさい。

□(1) この建物に使われている建築様式
を何といいますか。また、このつく
りの特色としてふさわしいものを下
から選び、記号で答えなさい。

　　ア 三角形の角材を組み合わせてつくられる。

　　イ ふすまや障子（しょうじ）によって各部屋が区切られている。

　　ウ 地面を掘（ほ）り、床（ゆか）が低い位置になるようにしている。

(2) 下の写真は、正倉院に収められている品々をしめしています。

五絃琵琶（ごげんびわ）

碧瑠璃杯（へきるりはい）
（ガラスのコップ）

白瑠璃碗（わん）
（カットグラス）

□① 正倉院に収められている品々はおもにだれのものですか。ふさわしい天皇の名を答えなさい。

□② これらの品々の説明としてふさわしいものを下から選び、記号で答えなさい。

　ア 天皇が国内の職人に命じてつくらせたものである。

　イ いずれも大和（やまと）時代から天皇家に代々伝えられている品々である。

　ウ 当時の中国や、中国と国交のあった国々の品々で、中国から伝えられたものである。

　エ いずれも中国でつくられた品々で、中国の製作技術が高かったことをしめしている。

問4 奈良時代には日本でさまざまな書物がつくられました。これについて、(1)・(2)の問いに答えなさい。

□(1) この時期に出された書物は、大和時代に日本に伝えられた文字を用いて書かれています。その文字とは何ですか。

□(2) 下のA・Bは8世紀に出された書物について説明しています。A・Bにあてはまる書物の名をあとのア〜ウから選び、それぞれ記号で答えなさい。

　A 日本最古の歴史書ともいわれる書物です、天武（てんむ）天皇の命令で編さんされたもので、天皇家や神々にまつわる物語が収められています。

　B 地方の各国ごとの自然・産物・伝説や、山・川などの名前の由来をまとめた書物です。

　ア 日本書紀（にほんしょき）　　イ 古事記（こじき）　　ウ 風土記（ふどき）

要点ピックアップ

時代	西暦 せいれき	で き ご と
平 安 時 代	794年	桓武天皇が都を京都に移す─平安京
	797年	坂上田村麻呂が征夷大将軍となる
	805年	○最澄が天台宗を開く ┐ ├ 仏教の新しい動き
	806年	○空海が真言宗を開く ┘
	858年	藤原良房が摂政となる ┐ ├→貴族・藤原氏の摂関政治
	887年	藤原基経が関白となる ┘
	894年	菅原道真の意見によって、遣唐使が停止される
	905年	○紀貫之らにより、「古今和歌集」が完成する
	935～ 941年	関東で平将門、瀬戸内海で藤原純友が乱をおこす→承平・天慶の乱
	1016年	藤原道長が摂政となる ○このころ紫式部が「源氏物語」、清少納言が「枕草子」をあらわす
	1051年	東北地方で前九年合戦がおこる
	1053年	○藤原頼通が平等院鳳凰堂を建立する
	1083年	東北地方で後三年合戦がおこる
	1086年	白河上皇が院政を始める
	1156年	保元の乱がおこる ┐ ├ 武士・源氏と平氏
	1159年	平治の乱がおこる ┘
	1167年	平清盛が太政大臣となる
	1180年	源頼朝が伊豆で兵をあげる
	1185年	壇ノ浦の戦いで平氏が滅びる 全国に守護・地頭が置かれる

 問題演習

◆ 平安時代の都と地方の政治について書かれたⅠ・Ⅱの文章を読んで、あとの各問いに
答えなさい。　　　　　　　　　　　　　　　　　　　　　　　　→ 解答は143ページ

Ⅰ　平安時代の初め、都では、律令政治を立て直すために、さまざまな政治改革がおこなわれ
ました。

> 　8世紀の中ごろから、律令政治がくずれ、貴族どうしの政権をめぐる争いや、仏教勢
> 力の政治への介入が強くなってきました。なかには、₁天皇の位につこうとする僧まで
> あらわれました。そこで、（　Ａ　）天皇は政治を立て直すため、寺院勢力の強い奈良を
> はなれ、794年、（　Ｂ　）という新しい都をつくり、₂さまざまな政治改革をおこない
> ました。

□問1　下線部1にあたる僧を下から選び、記号で答えなさい。
　　　ア　鑑真　　　　イ　行基　　　　ウ　道鏡

□問2　（　Ａ　）・（　Ｂ　）にあてはまる人名やことばをそれぞれ答えなさい。

□問3　（　Ｂ　）の都についての説明としてあてはまらないものを下から選び、記号で答えな
さい。
　　　ア　この都は、唐の都長安を手本にした。
　　　イ　この都は、天皇が東京に移るまで、約1100年間都となった。
　　　ウ　この都は、奈良県をはなれ、現在の滋賀県につくられた。
　　　エ　この都は、東西・南北にごばんの目のような道路がつくられた。

問4　下線部2について、⑴～⑶の問いに答えなさい。
　□⑴　（　Ａ　）天皇がおこなった改革として、あてはまるものを下から2つ選び、記号で
　　答えなさい。
　　　ア　農民を兵士にすることをやめ、郡司の子弟などから兵士をとる制度をつくった。
　　　イ　都を造営する工事を国司がおこなう制度をつくった。
　　　ウ　農民が、調・庸の税を都に運ばなくてもよいことにした。
　　　エ　班田の期間を6年から12年へ延長し、確実におこなわれるようにした。
　　　オ　中国を統一していた隋に使節を送り、国交を開いた。

□(2) 寺院勢力の強い奈良をはなれた（ A ）天皇は、唐に留学していた二人の僧が伝えた新しい仏教を保護しました。次の文中の 1 ・ 2 にあてはまる僧の名をそれぞれ答えなさい。

● 天台宗は 1 が比叡山の延暦寺で広めた。
● 真言宗は 2 が高野山の金剛峯寺で広めた。

(3) （ A ）天皇は、東北地方の開発にも力を入れていました。右の地図は、奈良時代から平安時代にかけての東北地方を平定するようすをあらわしたものです。

□① 当時、（ A ）天皇が平定した東北地方に住む人々のことを何といいますか。ひらがな2字で答えなさい。

□② （ A ）天皇により征夷大将軍に任命され、東北地方に進出し、地図中にある胆沢城、志波城を築いた人物の名を答えなさい。

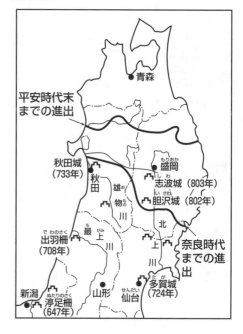

Ⅱ 地方の政治が乱れる中、都では天皇家から貴族へと権力が移っていきました。

1 荘園の領主である貴族や寺社などは、貴重な財源である荘園からの収入を確保するためにさまざまな口実をもうけて、2 税を納めなくてもよい権利や、3 国司が荘園に立ち入ることをことわる権利を得るようになりました。このような荘園を多く集めて栄えたのが 4 藤原氏です。藤原氏は、5 娘を天皇のきさきにし、その皇子を天皇に立てて、それを補佐する役につくことで、政治の実権をにぎり、政治を独占するようになりました。

問5 下線部1について、8世紀中ごろ、朝廷は開墾した土地を永久に私有することを認める法令を出しました。これが荘園のおこるきっかけとなったといわれています。これについて、(1)・(2)の問いに答えなさい。

□(1)　743年に朝廷より出されたこの法令の名を答えなさい。

□(2)　この法令により土地と人民に関する律令政治の原則がくずれていきました。この原則の名を漢字4字で答えなさい。

□**問6**　下線部2・3の権利をそれぞれ答えなさい。

□**問7**　下線部4について、藤原という姓（せい）は、ある人物が中大兄皇子（なかのおおえのおうじ）とともに、大化（たいか）の改新をすすめ、その功績により賜（たまわ）ったものです。この人物が藤原氏になる前の姓を下から選び、記号で答えなさい。

　ア　中臣氏（なかとみ）　　　**イ**　蘇我氏（そが）　　　**ウ**　物部氏（もののべ）　　　**エ**　大伴氏（おおとも）

□**問8**　下線部5について、このような、藤原氏がおこなった政治を何といいますか。

問9　藤原氏は11世紀前半に全盛期（ぜんせいき）をむかえます。これについて、(1)・(2)の問いに答えなさい。

(1)　次の和歌は、このころ詠（よ）まれたものです。

　　「この世をば　わが世とぞ思う　望月（もちづき）の　かけたることも　なしと思えば」

　□①　この歌を詠んだ人物の名を答えなさい。

　□②　この歌には、①で答えた人物のどのような気持ちがあらわれていますか。もっともふさわしいものを下から選び、記号で答えなさい。

　　ア　平和な世の中に対する喜びがあらわれている。

　　イ　政治を独占（どくせん）したほこらしげな気持ちがあらわれている。

　　ウ　ぜいたくな生活を反省する気持ちがあらわれている。

　　エ　一族を守る決意があらわれている。

□(2)　下の建物は、(1)①で答えた人物の息子（むすこ）である藤原頼通（よりみち）がこの世に極楽浄土（ごくらくじょうど）をつくろうとして建てたものです。この建物の名を答えなさい。

レベル**B** 問題演習　　日能研正答率 80% ～ 50%

次のA～Dの文章は平安時代に活躍した人物について書かれたものです。これらの文章を読み、あとの各問いに答えなさい。

→ 解答は144ページ

A

私は、関東の下総の国に勢力をもっていた武士です。豪族と手を組み、反乱をおこし、常陸の国の役所をおそいました。そして、関東のほとんどの国を自分の支配下に入れることに成功し、地方の武士の実力を、初めて朝廷にしめしました。

□**問1**　文章中の「私」の名を答えなさい。

□**問2**　文章中の「私」が関東で反乱をおこしたころ、瀬戸内海でも反乱がおきました。この反乱をおこした人物の名を下から選び、記号で答えなさい。

ア 藤原純友　　　イ 藤原良房　　　ウ 藤原不比等　　　エ 藤原基経

B

私は清和天皇の子孫で、源氏という一族の者です。私の父は東北地方で勢力を強めていた安倍氏がおこした反乱を清原氏と協力して平定しました。また、この事件後、東北地方で勢力を強めた清原一族内で争いがおきたとき、私は₁藤原清衡を助けて、この争いをおさめました。これにより、わが源氏は東国での勢力を強めました。

□**問3**　文章中の「私」は 源 義家です。この文章は「私」が活躍した争いについて書かれたものです。この争いの組み合わせとしてふさわしいものを下から選び、記号で答えなさい。

ア 前九年・後三年合戦　　　イ 承平・天慶の乱　　　ウ 保元・平治の乱

□**問4**　文章中の下線部1について、奥州藤原氏は3代にわたって栄えました。この藤原氏3代のミイラが安置されている中尊寺金色堂は平泉という土地にあります。平泉の場所を右の地図中から選び、記号で答えなさい。

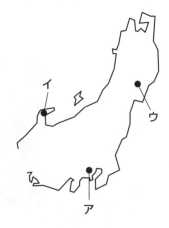

---— C ———

　私は、平治の乱後、伊豆（いず）に流されていました。平氏をたおすために挙兵した後、石橋山の戦いでやぶれました。その後、房総（ぼうそう）半島にのがれ、東国の武士を味方につけ、ある土地を拠点（きょてん）として平氏と戦いました。弟の源義経（よしつね）に命じて平氏を西に追いこみ、ついに、₂壇（だん）ノ浦（うら）で平氏を滅（ほろ）ぼしました。これによって、政治の実権（じっけん）は平氏から源氏へと移りました。

☐ **問5**　文章中の「私」の名を答えなさい。

☐ **問6**　文章中の下線部2について、壇ノ浦は旧国名で長門国（ながとのくに）という所にあります。この国は現在の何県にあたりますか。

---— D ———

　私は、₃当時の天皇と上皇（じょうこう）の間に権力争いがおきたとき、天皇側につき勝利を収（おさ）めました。その後、ともに戦った源義朝（よしとも）と争いこれに勝利しました。これらの戦いにより権力を強めた私は武士として初めて太政大臣（だいじょうだいじん）の位につきました。私は娘（むすめ）を天皇のきさきにしたり、₄中国との貿易によって、大きな財力を得ることで権力を強め、これにより、わが平氏は全盛期（ぜんせいき）をむかえました。

☐ **問7**　文章中の「私」の名を答えなさい。

問8　文章中の下線部3の争いについて、(1)・(2)の問いに答えなさい。

☐(1)　この当時、上皇は、天皇家の長として、天皇の位を退いたあとも大きな権力をもって政治をおこない、これにより貴族の力は衰（おとろ）えました。このような政治を何といいますか。

☐(2)　この政治を初めておこなった上皇の名を答えなさい。

レベル **B** 問題演習

問9 文章中の下線部4について、(1)〜(3)の問いに答えなさい。

☐(1) 当時の中国の王朝の名を答えなさい。

☐(2) Dの文章中の「私」は中国と貿易するにあたり、港である大輪田泊（おおわだのとまり）を整備しました。この港の位置を下の地図中から選び、記号で答えなさい。

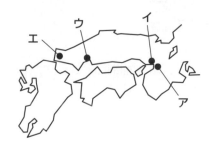

☐(3) 下の写真は、平氏があつく信仰した厳島神社（いつくしま）です。この神社のある場所を上の地図中から選び、記号で答えなさい。

☐**問10** A〜Dの文章は時代順にならんでいません。A〜Dの〜〜〜部の武士の勢力の変化などを参考にして、A〜Dを時代の古い順にならべかえなさい。

要点ピックアップ

時代	西暦	できごと
鎌倉時代	1192年	源 頼朝が征夷大将 軍となる
	1203年	北 条時政が執権となる
		○運慶・快慶によって東大寺南大門の金剛力士像が完成する
	1205年	**北条義時が執権となる**→北条氏の執権政治
		○藤 原 定家が「新古今和歌集」を編集する
	1219年	源実朝が暗殺され、源氏の正統がとだえる
	1221年	**後鳥羽上 皇が承 久の乱をおこす**
		→尼将軍とよばれた北条政子が御家人の結束を固める
		→朝 廷を監視するために京都に六波羅探題が置かれる
	1224年	○親鸞が浄 土真 宗を開く
	1227年	○道元が曹洞 宗を伝える
	1232年	北条泰時が御成敗式目を定める
		○このころ「平家物語」があらわされる
	1253年	○日蓮が法華宗(日蓮宗)を開く
	1274年	文永の役 ┐
	1281年	弘安の役 ┘ 元寇
	1297年	永仁の徳政令が出される
		○このころ吉田兼好が「徒然草」をあらわす
	1333年	足利尊氏が六波羅探題を攻める ┐
		新田義貞が鎌倉を攻める ┘ **鎌倉幕府滅亡**

レベル **A** 問題演習　日能研 正答率 100% 〜 80%

次のⅠ〜Ⅲの文章を読んで、あとの各問いに答えなさい。

→ 解答は144ページ

Ⅰ　平氏との戦いの間、鎌倉にいた ▢1 は、本格的な武家政権をつくるための準備をすすめていました。まず、1180年に自分に仕える武士たちを統率するための ▢2 を置き、その４年後には財政をあつかう公文所（後の政所）と裁判をおこなう ▢3 を設けました。さらに1185年には、弟の 源 義経をとらえることを口実にして、国ごとに ▢4 、荘園に ▢5 を置くことを朝廷に認めさせました。こうして、鎌倉幕府の組織が整い、 ▢6 年に ▢1 は朝廷から 7 征夷大将軍の位を授かりました。

□問1　Ⅰの文章中の ▢1 にあてはまる人物の名を答えなさい。

□問2　Ⅰの文章中の ▢2 〜 ▢5 にあてはまる役所の名や役職の名をそれぞれ答えなさい。また、 ▢4 ・ ▢5 のおもな仕事としてあてはまるものを下から選び、それぞれ記号で答えなさい。
　　ア　朝廷のさまざまな行事の実施
　　イ　国内の御家人の統率や軍事・警察
　　ウ　幕府の文書の作成や管理
　　エ　年貢の取り立て
　　オ　幕府の政策の実行

□問3　Ⅰの文章中の ▢6 にあてはまる年を西暦で答えなさい。

問4　Ⅰの文章中の下線部7について、(1)・(2)の問いに答えなさい。
　□(1)　下の地図は現在の神奈川県をあらわしたものです。幕府が開かれた鎌倉の位置を地図中から選び、記号で答えなさい。

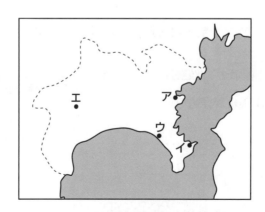

□(2)　幕府が鎌倉に開かれた理由としてまちがっているものを下から選び、記号で答えなさい。

　ア　鎌倉は、敵の攻撃(こうげき)を防ぎやすい地形だったから。
　イ　関東地方には、源氏を支持する武士たちが多かったから。
　ウ　天皇によって東国地域(ちいき)を治めることを命じられたから。
　エ　鎌倉には源氏(げんじ)の氏神(うじがみ)を祭った八幡宮(はちまんぐう)が置かれていたから。

Ⅱ　鎌倉幕府が成立すると、御家人と将軍との間には土地を仲立ちとした主従(しゅじゅう)関係が確立しました。それは、ひとたび戦いがおきると、₈御家人は将軍のために戦い、₉将軍はその恩賞(おんしょう)(ほうび)としてこれらの武士の土地を保証(ほしょう)し、手がらにおうじて新たな土地をあたえるというものでした。この主従関係のもとで御家人たちは、日ごろから武芸の訓練にはげみ、戦いに備えていました。

問5　Ⅱの文章中の下線部8について、(1)・(2)の問いに答えなさい。

□(1)　このことを何といいますか。

□(2)　武士が自分の土地を守り、ふやすために命がけで戦って手がらをたてようとすることを当時、「一□懸命(いっ□けんめい)」といいました。
　　　□にあてはまることばを漢字1字で答えなさい。

□**問6**　Ⅱの文章中の下線部9について、このことを何といいますか。

□**問7**　Ⅱの文章中の下線部8・9のように、土地を仲立ちとした主従関係を何制度といいますか。

Ⅲ　鎌倉幕府の将軍であった源氏が3代で滅(ほろ)びると、₁₀幕府の実権は北条(ほうじょう)氏がにぎるようになりました。こうした中、₁₁1221年に大きな反乱(はんらん)がおこりました。この反乱は幕府によってしずめられました。また、この乱の以後、幕府の力のおよぶ範囲(はんい)が広がるようになると、各地で荘園領主と幕府の役人との間で土地をめぐる争いがふえるようになりました。そこで、₁₂1232年に_____は、51か条からなるきまりをつくり、争いをさばく基準としました。

□**問8**　Ⅲの文章中の下線部10について、鎌倉幕府の実権をにぎったのは北条一族でした。この一族は幕府のある役職を代々独占(どくせん)していました。この役職の名を答えなさい。

レベル A 問題演習

問9 Ⅲの文章中の下線部11について、次の史料は、この反乱がおきたときに幕府側の人物が御家人たちを前にしてのべたものです。この史料について、(1)〜(3)の問いに答えなさい。

> 「反乱」がおこると尼将軍は、おもな武士たちを集めて、次のように申しわたした。
>
> 「みなの者、よく聞くがよい。昔、武士たちは3年間も京都を守る仕事を命じられ、つとめが終わって帰るときは、くたびれはてて、はだしでとぼとぼ帰るありさまであった。そこで頼朝公が、京都を守るしごとを6か月にちぢめてくださった。このような深いなさけを忘れて京都に味方するのか、それとも幕府に仕えるのか、この場ではっきり言ってみよ。」

□(1) 史料中の「反乱」を何といいますか。

□(2) 史料中の「尼将軍」とは、だれのことですか。

□(3) 史料中の「反乱」の結果としてふさわしくないものを下から選び、記号で答えなさい。
　　ア　幕府は、朝廷を監視するための六波羅探題を設けた。
　　イ　幕府は、後鳥羽上皇をとらえ、隠岐へ流した。
　　ウ　幕府は、西日本に勢力を広げることになった。
　　エ　幕府は、朝廷から取り上げた荘園に国司を置いた。

問10 Ⅲの文章中の下線部12について、(1)・(2)の問いに答えなさい。
　□(1)　下線部中の□□□□□にあてはまる人物の名を答えなさい。

　□(2)　このきまりを何といいますか。

レベル B 問題演習　日能研正答率 80% 〜 50%

◆ 元と鎌倉幕府について、あとの各問いに答えなさい。

→ 解答は144ページ

☐問1　下の地図はモンゴル帝国の領土をあらわしたものです。この地図を見ると、この帝国の領土は、北は現在の ［ 1 ］ の一部、南はベトナムやインドの一部、そして西は ［ 2 ］ にまでおよんでいたことがわかります。
　　　 ［ 1 ］・［ 2 ］ にあてはまることばをあとのア〜オから選び、それぞれ記号で答えなさい。

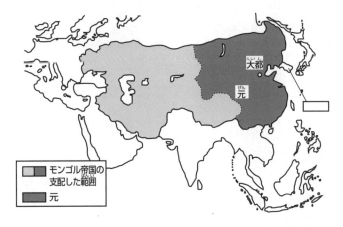

　ア　インドネシア　　　イ　東ヨーロッパ　　　ウ　イタリア
　エ　ロシア　　　　　　オ　アフリカ

問2　上の地図中のモンゴル帝国は、その後領土を縮小しましたが、5代目の皇帝のとき、国名を元と改めました。そして再び周辺の国々に勢力を広げていったのでした。このことについて、(1)・(2)の問いに答えなさい。

☐(1)　5代目の皇帝の名を答えなさい。

☐(2)　元は13世紀後半には、平安時代の末に日本と貿易をおこなったこともある中国の王朝を滅ぼしました。この中国の王朝の名を答えなさい。また、元は地図中の朝鮮半島に成立していた ［　　　　　］ を従属させました。
　　　 ［　　　　　］ にあてはまる国の名を下から選び、記号で答えなさい。
　ア　百済　　　　イ　高麗　　　ウ　新羅　　　エ　高句麗

問3　13世紀後半、5代目の皇帝は日本に使者を派遣し、服従を求めてきました。しかし、鎌倉幕府が、この要求をはねつけたことから、元の大軍が日本に攻めてきました。日本と元との2度の戦いについて、(1)〜(3)の問いに答えなさい。

レベル B 問題演習

□(1)　元の要求をはねつけた当時の幕府の実権をにぎっていた人物の名を答えなさい。

□(2)　元の大軍による２度の日本への来襲を何といいますか。

□(3)　右の絵は、九州に上陸した元と
日本の武士との戦いのようすをあ
らわしたものです。この戦いで日
本の武士が苦戦している理由とし
てまちがっているものを下から選
び、記号で答えなさい。

　　ア　元の兵士が集団戦法を取って
　　　いるから。
　　イ　元の軍が火薬を使った武器を使っているから。
　　ウ　元の兵士が重い鎧や兜を身につけているから。

問4　２度の元との戦いは、鎌倉幕府の行く末に大きな影響をあたえました。このことにつ
　　いて、(1)〜(3)の問いに答えなさい。

□(1)　２度にわたる元との戦いによって鎌倉幕府は、多くの武士から信用を失いました。
　　その理由としてふさわしくないものを下から選び、記号で答えなさい。
　　ア　手がらを立てた武士に対する幕府からの恩賞が十分でなかったため。
　　イ　武士にとって２度の元の来襲は経済的な負担が大きかったため。
　　ウ　幕府が財政を立て直すために、多くの武士から領地を強制的に取り上げたため。

□(2)　幕府は、武士たちの信用を取りもどすために次のきまりを出しました。このような
　　きまりを何といいますか。

> 　土地を質に入れて流したり、売買したりすることは、御家人の生活がこまるも
> ととなっている。こういうことは、今後してはならない。以前に売った土地は、
> 本来の所有者にもどすべきである。……中略……御家人でない者や、金貸しなど
> の庶民が御家人から買い取った土地は、20年をすぎても、売り主の御家人に返す
> べきである。

□(3)　２度の元との戦いによる影響は、当時の社会の混乱を招いただけでなく、幕府の力
　　を弱めることになりました。こうした中、（　　　　）天皇が鎌倉幕府をたおすために兵
　　を挙げたことで、幕府は1333年に滅びました。
　　　（　　　　）にあてはまる天皇の名を答えなさい。

第11回 室町時代

要点ピックアップ

時代	西暦	できごと
南北朝時代	1334年	後醍醐天皇による建武の新政が始まる
	1336年	後醍醐天皇が吉野へのがれる→南北朝の対立
	1338年	足利尊氏が征夷大将軍となり、幕府を開く
		このころ朝鮮沿岸に倭寇があらわれるようになる
室町時代	1378年	○足利義満が京都の室町に花の御所をつくる
	1392年	足利義満により南北朝が合一する
	1397年	○足利義満が京都の北山に金閣を建てる
		○このころ観阿弥・世阿弥により能が大成される
	1404年	○日明貿易が始まる →倭寇と区別するための合い札を用いた勘合貿易 →明から銅銭(永楽通宝)を輸入する
	1428年	正長の土一揆がおこる
	1467年	京都で応仁の乱がおこる→下剋上
戦国時代	1482年	○足利義政が京都の東山に銀閣を建てる
		○このころ雪舟が水墨画をえがく
	1485年	山城の国一揆がおこる
	1488年	加賀の一向一揆がおこる

レベル **A** 問題演習

◆ 室町幕府(むろまちばくふ)について、あとの各問いに答えなさい。

→ 解答は145ページ

☐**問1** 下の図は、室町幕府のしくみをあらわしたものです。図中の ☐1☐ ～ ☐4☐ にあてはまる役職や役所の名を次のア～カから選び、それぞれ記号で答えなさい。

室町幕府のしくみ

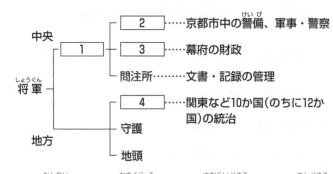

将軍(しょうぐん)

中央 ── ☐1☐ ─┬─ ☐2☐ ……京都市中の警備(けいび)、軍事・警察
                   ├─ ☐3☐ ……幕府の財政
                   ├─ 問注所………文書・記録の管理
                   └─ ☐4☐ ……関東など10か国(のちに12か国)の統治

地方 ─┬─ 守護
       └─ 地頭

ア 執権(しっけん)　**イ** 管領(かんれい)　**ウ** 鎌倉府(かまくらふ)　**エ** 侍所(さむらいどころ)　**オ** 政所(まんどころ)　**カ** 公文所(くもんじょ)

問2 室町幕府は、3代将軍足利義満(あしかがよしみつ)のころ、もっとも政治が安定し、幕府の力も強力になりました。その幕府の財政をささえていたのは、このころ始めた中国との貿易によって得られた莫大(ばくだい)な利益でした。これについて、(1)～(3)の問いに答えなさい。

☐(1) 足利義満は、京都の室町というところに屋敷(やしき)をかまえて、ここで政治をおこなったことから、この政権は室町幕府とよばれるようになりました。この屋敷は何とよばれていましたか。

☐(2) 日本と中国との貿易は、右の図でしめした（　　　）とよばれる合い札が使われたことから、（　　　）貿易とよばれています。
（　　　）にあてはまることばを答えなさい。

☐(3) 日本と中国との貿易は、日本がある条件と立場を受け入れる形で始められました。その条件にあてはまるものを次のア～エから選び、記号で答えなさい。また、日本が受け入れた立場をあとのカ～ケから選び、記号で答えなさい。

ア 日本が倭寇(わこう)を取りしまること。	**イ** 中国が倭寇を取りしまること。
ウ 倭寇とともに交易をおこなうこと。	**エ** 倭寇を通じて交易をおこなうこと。

カ 日本が中国の家臣となること。	**キ** 中国が日本の家臣となること。
ク 日本と中国が対等であること。	**ケ** 日本と倭寇が同等であること。

問3 15世紀になると、じょじょに世の中は乱(みだ)れていきます。1428年には農民たちによる大(だい)規模(きぼ)な反乱(はんらん)がおきました。次の史料はその反乱について書かれたものです。これについて、(1)・(2)の問いに答えなさい。

> ……天下の土民が立ち上がって、徳政を宣言(せんげん)し、◻︎◻︎◻︎・◻︎◻︎◻︎・◻︎◻︎◻︎ などをおそい、質入れしたものを取り返し、借金証(しょうもん)文をやぶりすてた。………日本の国が始まって以来、土民が立ち上がったのは、これが最初である。

◻︎(1) この反乱を何といいますか。

◻︎(2) 上の史料中の3つの◻︎◻︎◻︎のいずれにもあてはまらないものを次から選び、記号で答えなさい。

 ア 土倉   **イ** 酒屋   **ウ** 寺院   **エ** 寄合(よりあい)

問4 1467年には、京都を中心に11年間にわたる応仁(おうにん)の乱がおきました。これについて、(1)～(3)の問いに答えなさい。

◻︎(1) この争いの原因を下から選び、記号で答えなさい。

 ア 将軍の跡継(あとつ)ぎ問題

 イ 農民への重い課税

 ウ 朝廷(ちょうてい)と幕府の対立

◻︎(2) 次の史料は、応仁の乱で荒(あ)れた京都について書かれたものです。史料中の( )にあてはまる歌をあとのア～エから選び、記号で答えなさい。

> 千年も万年も続くと思われた花の都が、今、目の前にあるように、キツネやオオカミがたむろする荒野(こうや)になってしまうとは、いったいだれが予想しただろうか。わずかに残っていた東寺や北野神社まで灰(はい)になってしまった。………………………
> ( )

 ア 東風吹(こちふ)かば にほひおこせよ 梅の花 あるじなしとて 春な忘(わす)れそ

 イ 韓衣(からころも) すそに取りつき 泣く子らを 置きてそ来ぬや 母(おも)なしにして

 ウ なれや知る 都は野辺(のべ)の 夕ひばり あがるを見ても 落(お)るなみだは

 エ 世の中を うしとやさしと 思へども 飛び立ちかねつ 鳥にしあらねば

◻︎(3) この争い以降(いこう)、実力のある者が上の者にとってかわる風潮(ふうちょう)が生まれていきました。この風潮を何といいますか。

レベル B 問題演習　　日能研正答率 80% 〜 50%

◆ 室町時代の文化や社会について、あとの各問いに答えなさい。

→ 解答は145ページ

問1 室町時代の社会のようすについて、(1)〜(3)の問いに答えなさい。

□(1)　このころの農業技術の発達のようすとして正しくないものを下から選び、記号で答えなさい。

ア　二毛作が始められた。
イ　家畜のふんが肥料に使われた。
ウ　水車の利用が広がった。
エ　牛や馬の利用が広がった。

□(2)　このころ、各地で特産物がつくられるようになりました。こうした特産物と産地の組み合わせとして正しいものを下から選び、記号で答えなさい。

ア　宇治—ぶどう
イ　紀伊—みかん
ウ　瀬戸内海沿岸—茶
エ　甲斐—綿花

□(3)　商業や運送業などは鎌倉時代に発達しましたが、農業生産の高まりや特産物の生産などにともなって、この時代にはさらにさかんになりました。これに関してのべた次の1〜3の文中の（　　）にあてはまることばを、それぞれ漢字で答えなさい。

1　商工業者の同業組合である（　　）は、この時代に特に発達した。
2　かつては荘園内での商品の中継ぎをおこなう役職だった（　　）は、後に独立し、この時代に特に活躍した。
3　それまで月3回開かれていた（　　）も、このころ、月6回開かれるところが多くなった。

問2 室町時代の文化について、次の写真1〜4を見て、⑴〜⑹の問いに答えなさい。

写真1

写真2

写真3

写真4

□⑴ 写真1の建物を建てた人物の名を答えなさい。

□⑵ 写真1の建物を建てた人物は、さまざまな文化を保護しました。写真2でしめされた芸能もその一つです。この芸能を大成させた親子の名を下から選び、記号で答えなさい。

ア 運慶・快慶　　　　　　**イ** 観阿弥・世阿弥　　　　　**ウ** 道鏡・道元

□⑶ 写真3の建物を建てた人物の名を答えなさい。

□⑷ 写真3の建物の敷地内のある建物には、写真4でしめされた様式の部屋があります。このような部屋のつくりを何といいますか。

□⑸ ⑷で答えた様式の部屋には、しだいに右のような絵もかざられるようになりました。このような絵を何といいますか。また、このような絵を大成させた人物の名を答えなさい。

□⑹ このほか、庶民の間には、庶民の夢をおとぎ話のかたちであらわそうとした（　　　）とよばれる読み物もつくられました。

（　　　）にあてはまることばを答えなさい。また、このような読み物にしめされたおとぎ話としてあてはまらないものを下から選び、記号で答えなさい。

ア 鉢かづき　　**イ** 浦島太郎
ウ かぐや姫　　**エ** ものぐさ太郎

要点ピックアップ

時代	西暦	で　き　ご　と
室町時代／戦国時代	1543年	○ポルトガル人が種子島に漂着し、鉄砲が伝わる
	1549年	○ザビエルが鹿児島に来航し、キリスト教が伝わる
	1553年	川中島の戦い→上杉謙信と武田信玄が1564年までに計5回戦う
	1560年	桶狭間の戦い→織田信長が今川義元をたおす
	1568年	織田信長が京都に入る
	1571年	織田信長が比叡山を焼き討ちにする
	1573年	**室町幕府滅亡**→織田信長が足利義昭を京都から追放する
安土桃山時代	1575年	長篠の戦い→織田信長が鉄砲隊を使って武田勝頼をたおす
	1576年	○織田信長が安土城を築く
	1582年	本能寺の変→織田信長が明智光秀にたおされる
		豊臣秀吉による太閤検地が始まる
	1583年	○豊臣秀吉が大阪城を築く
	1585年	豊臣秀吉が関白となる
	1588年	豊臣秀吉が刀狩令を出す
	1590年	**豊臣秀吉**が小田原の北条氏をたおして、**全国を統一する**
	1592年	文禄の役 ┐ 豊臣秀吉による朝鮮侵略
	1597年	慶長の役 ┘
	1600年	**関ヶ原の戦い**→徳川家康が石田三成をたおす

レベル **A** 問題演習　　　　

◆　次のⅠ・Ⅱの文章を読んで、あとの各問いに答えなさい。

→ 解答は145ページ

Ⅰ

　16世紀後半になると、戦国大名の中でも有力な武将は、政治の中心地である京都に上って、国内の統一を目指そうとしました。そのさきがけとなったのは、（　a　）の小さな大名であった<u>織田信長</u>でした。織田信長は、1560年に（　b　）の今川義元の大軍を【　A　】の戦いで破ってから、急速に力をつけていきました。その後、美濃を平定し、その勢いで、京都へ攻め上りました。そして、1573年に将軍である【　B　】を追放して室町幕府を滅ぼしました。

　1575年の【　C　】の戦いでは、当時としては新兵器だった鉄砲を大量に使用することによって（　c　）から信濃に勢力のあった武田勝頼を破りました。翌年には、交通の要地である（　d　）の安土に大きな城を築き、城下町をつくって、ここを天下統一の拠点にしました。

□**問1**　文章中の（　a　）～（　d　）にあてはまる当時の国名を下から選び、それぞれ記号で答えなさい。
　　ア 越前（福井県）　　**イ** 駿河（静岡県）　　**ウ** 甲斐（山梨県）
　　エ 尾張（愛知県）　　**オ** 近江（滋賀県）

□**問2**　文章中の【　A　】と【　C　】にあてはまる地名の位置を右の地図中の1～6から選び、それぞれ番号で答えなさい。

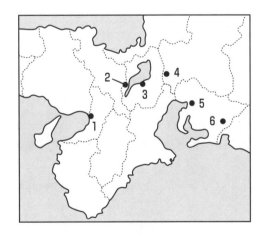

□**問3**　文章中の【　B　】にあてはまる人物の名を答えなさい。

問4　文章中の下線部について、次の文は、いずれも織田信長の政策に関してのべています。(1)～(3)の問いに答えなさい。

レベル A 問題演習

- 関所を廃止し、安土などに商人や職人らを集めて自由に営業させる（　ア　）を実施した。
- 天下統一のさまたげとなった比叡山の（　イ　）に対しては全山を焼き討ちにした。
- 貿易で栄え、鉄砲の生産地でもあった（　ウ　）の自治権を取り上げ、これを直接支配した。
- 仏教勢力と対抗させるために（　エ　）を保護した。

□(1)　（　ア　）〜（　エ　）にあてはまる語句や地名をそれぞれ答えなさい。

□(2)　（　イ　）の寺の位置を前の地図中の1〜6から選び、番号で答えなさい。

□(3)　織田信長は、1582年に京都の本能寺で家臣におそわれ、滅ぼされました。信長を滅ぼした家臣の名を答えなさい。

Ⅱ

　織田信長の天下統一事業を引き継いだのは、家臣の**豊臣秀吉**でした。豊臣秀吉は、すぐに問4(3)の人物を山崎の合戦で討つと、織田信長の重臣たちを従えて信長の後継者の地位につきました。1583年には、豊臣秀吉は京都と西国を結ぶ経済上の要地である【　D　】に城を築き、ここを天下統一の拠点にしました。やがて、九州の島津氏を従え、小田原（神奈川県）の【　E　】氏を攻め滅ぼして、1590年に天下統一をなしとげました。

□問5　文章中の【　D　】にあてはまる地名を答えなさい。

□問6　文章中の【　E　】にあてはまる大名の名を下から選び、記号で答えなさい。
　ア　伊達　　　イ　北条　　　ウ　上杉　　　エ　毛利

問7　文章中の下線部について、次のあ・いは豊臣秀吉に関する史料の一部です。これについて、(1)・(2)の問いに答えなさい。

あ　一、6尺3寸をもって1間とし、横5間、たて60間の300歩を1反と定める。
　　一、田畑の等級を、上・中・下に分け、年貢の率を定める。
　　一、京枡を用いて年貢を納めよ。売買も同じように京枡を使え。

い　一、諸国の農民が刀・弓・やり・鉄砲、そのほかの武器をもつことを固く禁止する。…
　　一、取り上げる刀、わきざしは、無用の損害になるのではなく、今度の大仏の建設のためのくぎやかすがいに用いられる。だから、今だけでなく、将来も百姓は助かる。

(1) あの史料について、①〜③の問いに答えなさい。

□① 豊臣秀吉は、この史料にあるような命令を出して、1582年から平定した領地で検地を始めました。秀吉がおこなった検地を特に何といいますか。

□② この検地は村ごとにおこなわれ、その結果は検地帳に記されました。下のア〜オの中から検地帳に記されたことがらとしてあやまっているものを選び、記号で答えなさい。

    ア 田畑の面積

    イ 土地のよしあし

    ウ 作物の取れ高

    エ 農具の数

    オ 耕作している農民の名

□③ 下の文は、この検地をおこなった豊臣秀吉の目的をあらわしています。文中の（　　　　）にあてはまる語句をひらがな3字で答えなさい。

> 農村の支配を固め、（　　　　）を確実に納めさせるため。

(2) いの史料について、①・②の問いに答えなさい。

□① この史料は豊臣秀吉が1588年に出した命令です。この政策を何といいますか。

□② 下の文は、この命令を出した豊臣秀吉の目的をあらわしています。文中の（　　　　）にあてはまる語句を答えなさい。

> 農民による（　　　　）をまったくなくそうと思い、農民から武器を取り上げた。

レベル **B** 問題演習　日能研正答率 80% 〜 50%

◆　16世紀には、ヨーロッパ人が日本を訪(おとず)れるようになりました。また、戦乱(せんらん)の世が治まるにつれて、日本人の海外進出もさかんになっていきました。このことについて、あとの各問いに答えなさい。

→ 解答は146ページ

Ⅰ　日本で戦乱が続いていたころ、ヨーロッパでは大航海時代が始まり、多くのヨーロッパ人が新しい貿易路を求めてアジアを訪れるようになりました。これについて、次のA・Bの史料を読んで、あとの各問いに答えなさい。

A

　₁天文(てんぶん)12年、わが西村の入り江(え)に一艘(いっそう)の大きな船が漂着(ひょうちゃく)した。どこの国から来たかは不明であったが、その人たちの顔は日本人とちがい、ことばも通じなかった。……₂外国商人の1人は手にひとつの物をもっていた。それは長さが2、3尺(しゃく)(1尺は約30cm)、形は中が空洞(くうどう)、外側はまっすぐでたいへん重かった。

B

　この₃尾張(おわり)の王は、……神や仏(ほとけ)、宗教の占(うらな)いを信じない。宇宙(うちゅう)をつくった神もなければ、霊魂(れいこん)などもなく、死ねばなにも残ることなどないということをはっきりといった。

問1　Aの史料は、ヨーロッパ人が初めて日本を訪れたときのようすを伝えたものです。これについて、(1)〜(3)の問いに答えなさい。

□(1)　下線部1について、「天文12年」とは西暦(せいれき)何年のことですか。また、大きな船が漂着した島の名を漢字で答えなさい。

□(2)　Aの史料には、「どこの国から来たかは不明であった」とありますが、このとき漂着したヨーロッパ人の祖国はどこに位置していますか。右の地図中から選び、記号で答えなさい。

□(3)　下線部2について、これは、当時の日本にはなかった新兵器でした。この新兵器の名を答えなさい。

問2　Bの史料は、日本を訪れたキリスト教の宣教師(せんきょうし)が書いたものです。この史料中の下線部3の王は、やがてAの史料中の下線部2の物に注目し、勢力を広げていきました。このことについて、(1)〜(3)の問いに答えなさい。

□(1)　Bの史料中の下線部3の王の名を答えなさい。

□(2)　(1)で答えた王は、この新兵器を巧(たく)みに使い、強大な大名であった武田氏を打ち破りました。(1)で答えた人物が武田氏を打ち破った戦いの名を答えなさい。

□(3) (2)で答えた戦いがおこなわれた前後から、日本の戦いのあり方に変化が見られるようになりました。その変化を正しく説明しているものを下から選び、記号で答えなさい。

ア 平野部に城を築くことが少なくなり、攻撃を受けにくい山間部に城が築かれることが多くなった。

イ 弓矢が中心の戦いから、新兵器をもった騎馬隊を横一線にならべて突入する集団戦法に変化した。

ウ 一騎打ちが中心の戦いから、新兵器をもった足軽を武将が指揮する集団戦法に変化した。

エ 足軽が身につける甲冑が、軽く簡素なものから、重く派手なものにかわっていった。

問3 Bの史料中の下線部3の王は、やがて安土を天下統一事業の拠点とし、その城下町でヨーロッパ人の宣教師にキリスト教の布教を許しました。このことについて、(1)・(2)の問いに答えなさい。

□(1) 日本に初めてキリスト教の布教に訪れた宣教師は、右の絵の人物です。この人物の名を答えなさい。また、この人物の祖国の位置を前のページの地図中から選び、記号で答えなさい。

□(2) 下線部3の王が城下町でキリスト教の布教を許し、保護した理由としてふさわしくないものを下から選び、記号で答えなさい。

ア 農民の一揆の指導をしていた一向宗などの仏教勢力に対抗させるため。

イ ヨーロッパ人との結びつきを強め、新兵器やその他の技術の輸入をしやすくするため。

ウ キリスト教の洗礼を受け、その布教を助ければ、死んだあとも天国へ行けると信じたため。

Ⅱ 16世紀の終わりになると、Bの史料中の下線部3の王の家臣によって天下統一がなしとげられました。この人物のおこなったことについて、次のCの史料を読み、あとの各問いに答えなさい。

レベル B 問題演習

— C —

　あなたも朝鮮へ出陣する準備をしておくように。朝鮮の首都はすでに占領した。すぐに中国までわたり、今度は中国も支配下において、あなたに中国の支配をまかせるつもりである。

☐ **問4** Cの史料は朝鮮侵略を計画した人物が親戚に出した手紙の一部です。この手紙を出した人物の名を答えなさい。

問5 当時、朝鮮侵略に参加した大名の中には、朝鮮の陶工をさらって日本に連れ帰ってくるものもいました。このことについて、(1)・(2)の問いに答えなさい。

☐(1) このように朝鮮の陶工がさらわれた背景には、当時千利休によって大成された（　　　）が流行していたため、大名たちがよりすぐれた陶磁器を朝鮮の陶工につくらせようとしたことがあります。
　　　（　　　）にあてはまることばを答えなさい。

☐(2) 朝鮮から連れてこられた陶工らが始めた陶芸の中には、その後全国に知られ、現在も伝統工芸として続けられているものが多くあります。そうした朝鮮陶工らが始めた陶芸のうち、現在の佐賀県でおこなわれるようになったものを下から選び、記号で答えなさい。

　ア　有田焼　　　　イ　萩焼　　　　ウ　九谷焼　　　　エ　薩摩焼

☐ **問6** Cの史料を書いた人物は、このころ海外に渡航する商船に許可証を出し、貿易を保護することもしています。この貿易のことを特に何といいますか。

☐ **問7** 朝鮮侵略と中国征服の計画は、結局失敗に終わりましたが、こうした新しくのし上がった人物の気持ちや、外国との貿易でおこった豪商などの活気が雄大で豪華な当時の文化をつくり出しました。当時の文化を代表するものとしてふさわしくないものを下から選び、記号で答えなさい。

　　　ア　　　　　　　　　　イ　　　　　　　　　　ウ

第13回 江戸時代 Ⅰ

要点ピックアップ

時代	西暦	できごと
江　戸　時　代	1603年	徳川家康が征夷大将軍となり、幕府を開く
	1612年	江戸幕府がキリスト教を禁止する
	1615年	大阪夏の陣で豊臣氏が滅びる
		大名に対して、武家諸法度が出される
		天皇や公家に対して、禁中並公家諸法度が出される
	1623年	徳川家光が江戸幕府の3代将軍となる
	1624年	スペイン船の来航を禁止する
	1635年	日本人の海外渡航と海外からの帰国を禁止する
		大名に対して参勤交代の制度が定められる
	1637年	島原・天草一揆（島原の乱）がおこる
	1639年	ポルトガル船の来航を禁止する
	1641年	オランダ商館を平戸から長崎の出島に移す
	1680年	徳川綱吉が江戸幕府の5代将軍となる
	1687年	徳川綱吉が生類憐みの令を出す
	1709年	新井白石による正徳の治が始まる

◆　次のⅠ・Ⅱの文章を読んで、あとの各問いに答えなさい。

→ 解答は146ページ

Ⅰ

　豊臣秀吉の死後、全国の大名を従えたのは、徳川家康でした。徳川氏はもともと三河（愛知県東部）の小さな大名で、東の今川氏と西の織田氏におさえられていました。家康は、子どものころ10年あまりも、今川氏に人質として預けられ、苦労を重ねました。今川氏が衰えた後、信長と秀吉を助け、辛抱強く力を蓄えていました。天下を統一した秀吉から関東地方をあたえられた家康は、江戸（東京都）に城を築いて関東を治め、自分が天下を統一する時期を待っていました。

　秀吉の死後、家康は、1600年の（　Ａ　）の戦いで勝利を収め、1603年、朝廷から（　Ｂ　）に任ぜられ、江戸に幕府を開きました。家康は、1605年に子の秀忠を２代目の将軍につけました。家康、秀忠は、全国約260の大名が幕府にそむかないように、いろいろな支配の方法を工夫しました。また、全国の米の取れ高の約４分の１を産出する広さの土地を領地にしました。そのうえ、江戸・京都・大阪・長崎などのおもな都市や港、佐渡の金山などの鉱山も、直接治めました。

問1　文章中の（　Ａ　）の戦いについて、(1)・(2)の問いに答えなさい。

□(1)　この戦いの名を答えなさい。

□(2)　この戦いで家康が破ったのは、豊臣秀吉に引き立てられて大名になった人物です。この武将は、秀吉の死後、豊臣家をもり立てようとしました。この人物の名を答えなさい。

□**問2**　文章中の（　Ｂ　）にあてはまる語句を答えなさい。

問3　文章中の下線部について、幕府は、大名を次の①〜③の３つに分類し、大名の配置には特に気をつけました。これについて、(1)〜(3)の問いに答えなさい。

●徳川氏の親類の大名 …………………………………………①

●古くから家来の大名 …………………………………………②

●文章中の（　Ａ　）の戦い以後に家来になった大名……③

□(1)　①〜③の大名を特に何といいますか。それぞれ答えなさい。

□(2)　①〜③の大名やその配置について正しいものを下から選び、記号で答えなさい。

　ア　①の大名の中には御三家といわれる大名がいるが、それは尾張、紀伊、会津の徳川家である。

　イ　②の大名は、③の大名より大きな領地をもっている者が多く、おもに江戸に近い地域に配置されていた。

ウ　③の大名の代表的な人物として、仙台の島津氏、加賀の前田氏、鹿児島の毛利氏らがいる。

エ　江戸へ続く街道などには①や②の大名が配置され、③の大名が江戸に侵入するのを防ぐようにしていた。

□(3)　将軍は、大名と固い主従関係を結び、大名に藩の政治を任せました。このような幕府や藩による支配体制を何といいますか。

Ⅱ

　1623年には、家康の孫の徳川家光が3代目の将軍につきました。19歳で将軍となった家光は、大名たちを江戸城に集めて、次のように申しわたしました。「私の祖父や父は、もとは皆と同じ大名だったので、将軍になってからも、皆をていねいにあつかった。しかし、私は、（　　じ　　）だ。これからは、皆を家来としてあつかう。不満のある者は、3年間の猶予をあたえるから、領地に帰ってどうするかよく考えよ。戦うのは武士の習いだから、遠慮なく戦いをしかけてきてよい。私は、まだ戦いの経験がないから、一戦を交えて力を試してもよいが、どうだ。」家光の強いことばに押されて、どの大名も、将軍に従うことを誓いました。家光は家康・秀忠のあとを受け継いで、幕府の基礎をいっそう固めていきました。

□問4　（　　C　　）にあてはまる文としてもっともふさわしいものを下から選び、記号で答えなさい。

ア　自分の思いのままに政治をおこなうつもり　　イ　生まれながらの将軍
ウ　大きな権力をにぎっているの　　　　　　　エ　朝廷においても高い地位にあるの

問5　文章中の下線部について、右の史料は大名を統制するために幕府が定めたきまりです。このうち、●は徳川家光の時代につけ加えられたものです。これについて、(1)・(2)の問いに答えなさい。

○　新しい城をつくることは固く禁止する。修理する場合も届け出よ。
○　大名は勝手に結婚してはならない。
●　大きな船を造ってはならない。
●　大名は、毎年4月に参勤しなければならない。
●　江戸で決められたきまりは、大名の領地でも、そのとおり守らなければならない。

□(1)　右のきまりを何といいますか。

□(2)　徳川家光がつけ加えたもののうち、「大名は、毎年4月に参勤しなければならない。」というものは、特に何とよばれていますか。

● 第13回 江戸時代Ⅰ

◆ 江戸時代初めの外交について、次の文章を読んで、あとの各問いに答えなさい。

→ 解答は146・147ページ

　1600年、オランダ船リーフデ号が九州に漂着すると、徳川家康はその航海士のオランダ人と水先案内人のイギリス人を江戸に招いて外交・貿易の相談役としました。そして、長崎の平戸に商館を建てることを許し、オランダ・イギリスとの貿易を保護しました。

　1貿易を目的とする日本人の海外への進出も豊臣秀吉の時代に引き続いてさかんにおこなわれました。ルソン・トンキン・シャムなどに渡航する商人らの船も多くありました。

　徳川家康は、2朝鮮との国交回復をはかりました。また、中国（明）との間には、国交は結ばれませんでしたが、商人の貿易船は来航し、台湾や南方の各地でも貿易はおこなわれていました。

　そのころ、薩摩藩は、砂糖や中国の産物を得ようとして、アジアにおける中継貿易の利益をヨーロッパに奪われて衰えていた　Ａ　王国を征服しました。しかし薩摩藩は　Ａ　王国の中国との関係をそのままにし、将軍の代替わりごとに使節を幕府に送らせました。また、3松前藩は、蝦夷地を支配していました。

　一方、海外との貿易は、幕府と藩による支配のしくみが確立するとともに日本人の渡航や貿易にしだいに制限が加えられるようになりました。

　徳川家康は、初め貿易を奨励するためにキリスト教の布教活動を黙認していました。そのため、キリスト教は東北地方まで広まり、信者はおよそ70万人にも達しました。そこで、2代将軍徳川秀忠は1612年に幕府の直轄領に、ついで翌年には全国に4キリスト教を禁止する命令を出し、教会を破壊して宣教師を追放し、信者には改宗を強制しました。そして、3代将軍徳川家光は1635年に日本人の海外渡航と在外日本人の帰国を全面禁止しました。こうした状況の中、51637年から翌年にかけて九州地方でキリスト教の禁止・重い年貢に反発する大規模な反乱がおこりました。幕府は、これ以後、6キリスト教の禁止を強化し、1639年に　Ｂ　船の来航を禁止しました。さらに、1641年にはオランダ商館を長崎の平戸から　Ｃ　に移しました。このようにして、幕府は外交と貿易の統制をきびしくおこなうようになりました。

　これにより、7その後200年あまりの間、幕府はオランダ・　Ｄ　・朝鮮以外の国々との交わりを閉ざしました。

□問1　　Ａ　～　Ｄ　にあてはまる地名や国名をそれぞれ答えなさい。

86

問2 下線部1について、右の地図を参考にして、(1)～(3)の問いに答えなさい。

□(1) 豊臣秀吉の時代から引き継いだこの貿易は、海外への渡航の許可状をもつ船だけがおこなえたことから何といいますか。

□(2) (1)で答えた貿易がさかんになるにつれて、日本人の海外進出が目立つようになり、東南アジアの各地に町もつくられていきました。右の地図中の●でしめされたこのような町を何といいますか。

□(3) (1)で答えた貿易で、日本が特に中国から多く輸入していたものを下から選び、記号で答えなさい。

ア 生糸（きいと）　イ 銅　ウ 銀　エ 綿（わた）

問3 下線部2について、(1)～(3)の問いに答えなさい。

□(1) 日本と朝鮮との関係を悪化させることとなった、豊臣秀吉の政策（せいさく）を漢字4字で答えなさい。

□(2) 江戸時代、朝鮮との外交・交易をまかされた大名が支配していた場所を右の地図中から選び、記号で答えなさい。

□(3) 江戸時代になると、将軍の代替わりごとに朝鮮からの使節が来日するようになります。この使節を何といいますか。

□**問4** 下線部3について、蝦夷地を支配した松前藩は、アイヌのもってくるさけ・こんぶ・毛皮などとひきかえに、わずかな米・鉄器などしかあたえませんでした。そこで、17世紀中ごろ、あるアイヌの族長が、松前藩の支配に対して、全蝦夷地のアイヌに抵抗（ていこう）をよびかけました。この松前藩に対する抵抗をよびかけたアイヌの族長の名を次から選び、記号で答えなさい。

ア ウィリアム・アダムズ　　イ シャクシャイン
ウ ヤン・ヨーステン　　エ フビライ・ハン

レベル B　問題演習

□**問 5**　前の下線部 4 について、幕府がキリスト教を禁止した理由としてふさわしくないもの
を下から選び、記号で答えなさい。

　ア　キリスト教の教えが幕府の支配体制をこわすおそれがあると考えたから。

　イ　キリスト教の信者が団結して一揆をおこすことをおそれたから。

　ウ　キリスト教の信者がヨーロッパから日本へ移り住んで来ると考えたから。

問 6　前の下線部 5 について、この反乱は、16歳のキリシタンの少年をかしらに多くの農民
がおこしたものです。これについて、(1)〜(3)の問いに答えなさい。

　□(1)　この反乱を何といいますか。

　□(2)　この反乱のかしらとなった人物の名を答えなさい。

　□(3)　この反乱がおこった場所を問 3 の地図中から選び、記号で答えなさい。

問 7　前の下線部 6 について、(1)・(2)の問いに答えなさい。

　□(1)　幕府は、1637年の反乱以後、右の絵のよ
うな取りしまりをおこない、キリスト教の
禁止を強化しました。この取りしまりを何
といいますか。

　□(2)　幕府はキリシタンでないことを証明させ
るため、すべての人々をどこかの寺に所属
させました。この制度を何といいますか。

□**問 8**　前の下線部 7 について、鎖国をおこなったことによる影響としてふさわしくないもの
を次から選び、記号で答えなさい。

　ア　人口がふえ続けて、深刻な食料不足になった。

　イ　世界の進歩から大きく取り残されてしまった。

　ウ　外国の影響を受けない日本独特の文化が生まれた。

要点ピックアップ

時代	西暦	できごと
江戸時代	1716年	徳川吉宗が江戸幕府の8代将軍となり、享保の改革を始める
	1732年	享保の大ききんがおこる
	1772年	田沼意次が老中となる
	1774年	「解体新書」がつくられる
	1782年	天明の大ききんがおこる
	1787年	松平定信が老中となり、寛政の改革を始める
	1792年	ロシア使節のラクスマンが根室に来航して通商を求める
	1825年	異国船打払令が出される
	1833年	天保の大ききんがおこる
	1837年	大塩平八郎の乱がおこる
	1839年	蛮社の獄→高野長英らが処罰される
	1841年	水野忠邦が老中となり、天保の改革を始める
	1853年	ペリーが浦賀に来航する
	1854年	日米和親条約が結ばれる→下田と函館を開港
	1858年	日米修好通商条約が結ばれる──井伊直弼とハリス 安政の大獄→吉田松陰らが処罰される
	1860年	桜田門外の変→井伊直弼が暗殺される
	1862年	生麦事件がおこる→翌年に薩英戦争
	1864年	イギリス・フランス・オランダ・アメリカの四国連合艦隊が下関を砲撃する
	1866年	薩長同盟が結ばれる
	1867年	大政奉還→徳川慶喜が政権を朝廷に返す

レベル A 問題演習

江戸時代のききんと、人々がおこした暴動の件数をあらわした次のグラフを見て、あとの各問いに答えなさい。

→ 解答は147ページ

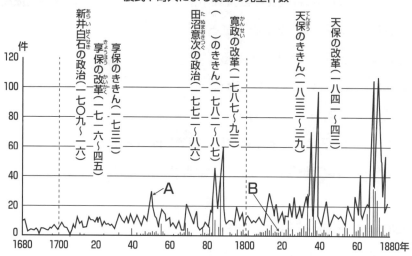

農民や町人による暴動の発生件数

問1 ききんに苦しむ人々について、(1)～(3)の問いに答えなさい。

□(1) ききんがおこると、生活に苦しむ農民たちは年貢の率の引き下げを求めてしばしば暴動をおこしました。これを（　1　）一揆といいます。このような一揆は、室町時代には（　2　）一揆とよばれていました。
（　1　）・（　2　）にあてはまることばをそれぞれ答えなさい。

□(2) 江戸時代半ばごろになると、ききんによる米の値上がりに苦しむ都市の人々も、しばしば暴動をおこすようになりました。このことを何といいますか。

□(3) 上のグラフ中のA・Bは、それぞれ(1)で答えた一揆または(2)で答えた暴動の件数をあらわしています。このうち、(1)で答えた一揆の件数をあらわしているものを選び、記号で答えなさい。

問2 グラフ中の享保のききんについて、(1)・(2)の問いに答えなさい。

□(1) このききんがおこる以前に、政治の改革をすすめていた8代将軍（　3　）は、（　4　）の栽培方法を（　5　）に命じて研究させ、ききんに備えさせました。
（　3　）・（　5　）にあてはまる人物の名を下から選び、それぞれ記号で答えなさい。また、（　4　）にあてはまる作物の名を答えなさい。

ア 水野忠邦　　　イ 田沼意次　　　ウ 松平定信　　　エ 青木昆陽
オ 林子平　　　カ 徳川吉宗　　　キ 河村瑞賢

□(2) (1)の（ 5 ）の人物は、（ 4 ）の栽培方法だけでなく、蘭学の研究もしていました。下から、蘭学を学んだ人物あるいは蘭学の知識をもっていた人物を2人選び、記号で答えなさい。

ア 伊能忠敬　　　イ 井原西鶴　　　ウ 杉田玄白

エ 松尾芭蕉　　　オ 本居宣長

問3 グラフ中の（　　　）のききんについて、(1)～(3)の問いに答えなさい。

□(1) （　　　）にあてはまる年号を下から選び、記号で答えなさい。

ア 天正　　　イ 元禄　　　ウ 天明　　　エ 寛永

□(2) この時は、浅間山が噴火したことで、関東地方を中心とする広い地域の冷害に追い打ちをかけたといわれています。その理由を下から選び、記号で答えなさい。

ア 大量に噴出した溶岩が田畑をおそい、民家を焼きつくしてしまったため。

イ 火山活動による地震で、すべての田畑がくずれてしまったため。

ウ 大量に噴出した火山灰が空をおおい、日光をさえぎってしまったため。

□(3) (2)の結果、農村は荒れはて、多くの人々が都市に出かせぎなどにやってきました。しかし、老中の（ 6 ）は、（ 7 ）を出し、このような人々に旅費や食料を貸与して郷里に帰らせようとしました。

　（ 6 ）にあてはまる人物の名を問2(1)のア～キから選び、記号で答えなさい。また、（ 7 ）にあてはまる法令を下から選び、記号で答えなさい。

ア 帰農令　　　イ 囲い米の制　　　ウ 上米の制　　　エ 上知令

問4 グラフ中の天保のききんについて、このききんによる食料不足が大阪をおそったころ、もと大阪町奉行所の役人が商人をおそうという事件がおきました。これについて、(1)・(2)の問いに答えなさい。

□(1) この事件の中心人物となった、もと役人の名を答えなさい。

□(2) この事件の後、天保の改革をおこなった人物の名を問2(1)のア～キから選び、記号で答えなさい。

◆　次のⅠとⅡの資料は、幕末に日本が外国と結んだ条約です。これらについて、あとの各問いに答えなさい。

→ 解答は147ページ

Ⅰ

第1条　日本とアメリカ合衆国は、その人民が永久にかわることのない和親を結び、場所や人がらの差別をしないこと。

第2条　たき木・水・食料・石炭を求めてアメリカ船が、伊豆の（　A　）と松前の函館の2つの港に寄ることを、日本政府は許可する。

□問1　資料Ⅰは、1854年に日本とアメリカ合衆国との間で結ばれた条約です。この条約の名を答えなさい。また、この条約を結んだときのアメリカ合衆国側の代表の名を答えなさい。

□問2　アメリカ合衆国が日本に開国を要求し、資料Ⅰの条約を結んだのはなぜですか。その理由としてふさわしいものを下から選び、記号で答えなさい。
　　ア　日本で禁止されていたキリスト教を広めようとしたから。
　　イ　北太平洋でさかんに捕鯨をおこなっており、寄港地を求めていたから。
　　ウ　西部の海岸の開発のために、日本の石炭を輸入しようとしたから。

□問3　資料Ⅰの中の（　A　）にあてはまる港の名を下から選び、記号で答えなさい。
　　ア　博多　　　イ　兵庫　　　ウ　堺　　　エ　下田　　　オ　神奈川

Ⅱ

第3条　（　A　）・函館のほか、次の港を開く。
　　　（　B　）・長崎・新潟・（　C　）　〔（　B　）の開港6か月後、（　A　）港は閉鎖〕

第4条　日本の輸入・輸出の品物は、別冊に決められた税率で、日本の役所へ関税を納める。

第6条　日本人に対して法を犯したアメリカ人は、アメリカ領事裁判所で取り調べ、アメリカの法律で罰する。アメリカ人に対して法を犯した日本人は、日本の役人が取り調べ、日本のきまりで罰する。

□問4　資料Ⅱは、1858年に日本とアメリカ合衆国との間で結ばれた条約です。この条約の名を答えなさい。また、この条約を結んだときの日本側の代表の名を答えなさい。

□問5　また、問4の人物は、この条約に反対する者をきびしく弾圧(だんあつ)しました。この弾圧を何といいますか。下から選び、記号で答えなさい。

ア　蛮社(ばんしゃ)の獄(ごく)　　　　イ　安政(あんせい)の大獄(たいごく)　　　ウ　桜田(さくらだ)門外(もんがい)の変　　　エ　生麦(なまむぎ)事件

□問6　資料Ⅱの中の（　B　）・（　C　）にあてはまる港の名を問3のア〜オから選び、それぞれ記号で答えなさい。ただし、（　A　）は問3と同じ港をさしています。

問7　資料Ⅱの中の第4条と第6条は、日本にとって不平等です。これについて、(1)・(2)の問いに答えなさい。

　□(1)　第4条をわかりやすくするために付け加えて説明すると、次のようになります。

> ● 日本がアメリカから輸入する品物には、決められた率の関税をかける。
> ● アメリカが日本から輸入をする品物には、どのような率の関税をかけてもかまわない。

　　　つまり、第4条は、日本に　　D　　がない点が不平等です。
　　　　D　　にあてはまることばを漢字5字で答えなさい。

　□(2)　第6条をわかりやすくするために付け加えて説明すると、次のようになります。

> ● 日本国内で、日本人に対して法を犯したアメリカ人はアメリカの法律で罰し、アメリカ人に対して法を犯した日本人は日本のきまりで罰する。
> ● アメリカ国内で、日本人に対して法を犯したアメリカ人も、アメリカ人に対して法を犯した日本人も、ともにアメリカの法律で罰する。

　　　つまり、第6条は、アメリカ人の　　E　　を認(みと)めたことです。
　　　　E　　にあてはまることばを漢字4字で答えなさい。

□問8　資料Ⅱの条約は、その後、日本国内の経済(けいざい)に大きな影響(えいきょう)をおよぼしました。次のページのグラフ1・2は、開国後の日本の貿易をあらわしたものです。グラフ中のA・Bにあてはまる貿易品目と、Cにあてはまる国の名をあとのア〜カから選び、それぞれ記号で答えなさい。

レベル B 問題演習

グラフ１　おもな輸出入品の割合（1865年）

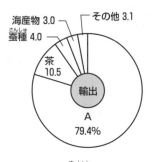
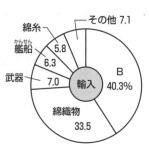

グラフ２　横浜における船舶の国別輸出額の割合（1865年）

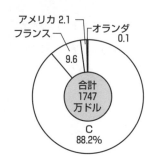

ア 生糸　　**イ** 毛織物　　**ウ** 絹織物
エ ロシア　**オ** イギリス　**カ** イタリア

□**問9**　開国後、幕府の力はしだいに衰え、薩摩藩や長州藩、土佐藩などの勢いがしだいに強くなっていきました。次のＡ・Ｂの写真は、倒幕の中心となった人物です。これらの人物の名を答え、それぞれの人物の説明をあとのア～ウから選び、記号で答えなさい。

A

B

ア　この人物は、下級武士の子として生まれましたが、藩主島津斉彬に取り立てられ、側近として活躍しました。その後、２回も島に流されましたが、許されて藩にもどってからは、友人の大久保利通とともに倒幕の中心人物となりました。

イ　この人物は、脱藩して幕府軍艦奉行である勝海舟の門に入りました。その後、海援隊を組織して海運と貿易をおこないながら、対立していた薩摩と長州を仲介して薩長同盟を結ばせ、倒幕勢力の結集をはかりました。しかし、明治維新を目前にした1867年11月、京都で暗殺されました。

ウ　この人物は、松下村塾に入門し、吉田松陰の教えを受けました。1862年には上海にわたって、中国の半植民地化の実態を見て、日本の危機を痛感しました。その後、奇兵隊を結成するなど、身分にかかわらない有志による軍事力をつくって倒幕運動の中心人物になりました。しかし、明治維新を目前にした1867年４月に病死しました。

要点ピックアップ

時代	西暦	で　き　ご　と
明　治　時　代	1868年	戊辰戦争が始まる
		五か条の御誓文→明治政府の政治方針がしめされる
	1869年	版籍奉還→土地と人民を天皇のものとする
	1871年	廃藩置県→藩を廃止して府や県を置く
	1872年	学制が発布される
		○新橋〜横浜間に鉄道が開通する
		○富岡製糸場(群馬県)が建てられる
	1873年	徴兵令→20歳以上の男子に兵役の義務
		地租改正→地価の３％を地主が現金で納める
	1874年	板垣退助が民撰議院設立建白書を提出する→自由民権運動
	1877年	**西郷隆盛が西南戦争をおこす**
	1881年	国会開設の詔→同年板垣退助が自由党を、翌年大隈重信が立憲改進党を結成する
	1885年	**内閣制度ができる**→初代内閣総理大臣に伊藤博文
	1889年	**大日本帝国憲法が発布される**
	1890年	**第１回帝国議会が開かれる**
	1894年	第１次条約改正→陸奥宗光が治外法権を撤廃する
		日清戦争がおこる
	1895年	下関条約を結ぶ→ロシア・フランス・ドイツによる三国干渉
	1902年	日英同盟を結ぶ
	1904年	**日露戦争がおこる**→翌年ポーツマス条約を結ぶ
	1910年	**韓国併合**→韓国を日本の植民地にする
	1911年	第２次条約改正→小村寿太郎が関税自主権を回復する

レベル A 問題演習

◆ 明治時代に関する次のⅠ・Ⅱの文章を読み、あとの各問いに答えなさい。

→ 解答は147・148ページ

Ⅰ 1867年に15代将軍の徳川慶喜が（ ① ）をおこない、政治の実権を朝廷に返上しました。それを受けて朝廷はその年の末に王政復古の大号令を出して、将軍職などを廃止し、新しい政府をつくりました。この新政府は1868年から約10年の間に次々と政治や社会の改革をすすめていきました。これを（ ② ）といいます。

まず、1868年３月に天皇が公家・大名たちを率いて神に誓う形で③五か条の御誓文を発表し、翌日には五榜の掲示（五枚の立て札）によって、民衆への施政方針をしめしました。しかし、国内における各藩の支配は江戸時代とかわらなかったため、新政府は、欧米諸国のような④政府の政治が全国にゆきわたるような中央集権の国づくりをすすめていきました。また、これまでの⑤身分のきまりは廃止され、もとの農民や町人にも名字をなのることが許され、職業や住むところは自由に選べるようになりました。

このように、明治政府は国内の体制を固める一方、日本を欧米に負けない国にするためにも⑥富国強兵（国を豊かにし、強い軍隊をつくること）・⑦殖産興業（工場をつくり、産業をさかんにすること）を政治の大きな目標に掲げました。この間、⑧社会や政治のしくみはもとより、建物や町のようす、人々の生活のようすなどが大きくかわりました。

□問1 文章中の（ ① ）・（ ② ）にあてはまることばをそれぞれ答えなさい。

問2 文章中の下線部③について、(1)・(2)の問いに答えなさい。

□(1) 五か条の御誓文の内容としてあやまっているものを下から選び、記号で答えなさい。

ア 政治のことは、会議を開き、みんなの意見によって決めよう。

イ 国民が心を一つにして、国の勢いをさかんにしよう。

ウ 国民ひとりひとりの望みがかなえられるような、不平のない世の中にしよう。

エ 日本のしきたりに従わない国があるときは、これを打ち払おう。

オ 新しい知識を世界に学び、国を栄えさせよう。

□(2) 五枚の立て札の内容としてあやまっているものを下から選び、記号で答えなさい。

ア 外国人に対して、暴行してはいけない。

イ 一揆をおこしたり、田畑をすてて逃げてはいけない。

ウ キリスト教についてはこれまでとはちがい、その教えを禁ずることはしない。

問3　文章中の下線部④について、(1)・(2)の問いに答えなさい。

□(1)　1869年に、明治政府は中央集権の国づくりをすすめるために、これまで大名が治めていた土地と人民を天皇に返上させました。このことを何といいますか。

□(2)　さらに1871年には、それまでの藩を廃止し、あらたに県を置くようになりました。このことを何といいますか。

□**問4**　文章中の下線部⑤について、この改革を何といいますか。漢字4字で答えなさい。

□**問5**　文章中の下線部⑥について、政府は国家の財政を安定させるために、1873年に税制を改めました。このことを何といいますか。

□**問6**　文章中の下線部⑦について、現在の群馬県につくられ、生糸をつくった官営工場の名を答えなさい。

□**問7**　文章中の下線部⑧について、東京や横浜などでは、れんがづくりの建物もつくられ、馬車・人力車が走り、郵便や鉄道も整備されました。また、新聞や雑誌の発行がさかんになり、欧米の学問も紹介されました。このように新しい制度や思想、西洋風の生活様式が取り入れられたことを何といいますか。漢字4字で答えなさい。

Ⅱ　このようにして新しい政治がすすめられましたが、当時の政府では⑨特定の藩の出身者が政治をおこなっていたため、⑩これに反対する板垣退助は「民撰議院設立建白書」を提出し、国民が選んだ議員による議会をつくることを求める運動を始めました。さらに、この時期と前後して、近代的な軍隊の組織などにより⑪特権を奪われつつあった不平士族たちが、政府に対して武力で対抗しようとして各地で反乱をおこしました。しかし、こういった反乱は政府によっておさえられました。この後、武力では政府に勝てないと考えた不平士族たちが国会の開設を求める運動に参加するようになり、この運動は政府も無視できないほど大きなものになっていきました。そのため、この運動をしずめるために、⑫政府は国会開設の詔を出し、10年後に国会を開くことを約束しました。このため、1889年には⑬大日本帝国憲法が発布され、日本は立憲君主国となり、その翌年には⑭第1回帝国議会が開かれることになったのです。

□**問8**　文章中の下線部⑨について、このように特定の藩の出身者によっておこなわれた政治を何といいますか。

問9 前の文章中の下線部⑩について、(1)・(2)の問いに答えなさい。

□(1) ア～エの人物の写真の中から板垣退助を選び、記号で答えなさい。

ア	イ	ウ	エ

□(2) 板垣退助が始めた国会の開設などを求める運動の名を答えなさい。

問10 前の文章中の下線部⑪について、このような不平士族の反乱の中で、鹿児島でおこった最大の反乱の名を答えなさい。

問11 前の文章中の下線部⑫について、(1)・(2)の問いに答えなさい。

□(1) 国会開設の詔が出された年には、板垣退助がフランス流の自由主義の考えをもつ政党を結成しました。この政党の名を答えなさい。

□(2) 国会開設の詔が出された翌年には、大隈重信がイギリス流の議会政治を理想とする政党を結成しました。この政党の名を答えなさい。

問12 前の文章中の下線部⑬について、この憲法の特色は君主権が強いことでした。憲法の草案をつくるときに手本としたのはどこの国の憲法ですか。下から選び、記号で答えなさい。

ア フランス　　　イ イギリス　　　ウ イタリア　　　エ ドイツ

問13 前の文章中の下線部⑭について、最初の衆議院議員総選挙のとき、有権者の全人口にしめる割合はおよそ1.1%でした。最初の衆議院議員総選挙における有権者の資格を下から選び、記号で答えなさい。

ア 直接国税を10円以上納める25歳以上の男女
イ 直接国税を10円以上納める30歳以上の男子
ウ 直接国税を15円以上納める25歳以上の男子
エ 直接国税を15円以上納める30歳以上の男女

 問題演習　

　次の文章を読み、あとの各問いに答えなさい。

→ 解答は148ページ

　欧米諸国と肩をならべようとしていた明治政府でしたが、朝鮮に対しては江華島事件をきっかけに不平等条約をおしつけ、勢力をのばしていました。そのため、それまで朝鮮を属国としていた清と対立を深めることになりました。1894年、朝鮮で内乱がおこったとき、清と日本はそれぞれ軍隊を送りましたが、内乱をしずめたあとも日本軍が朝鮮にとどまったために①日清戦争がおこりました。

　日清戦争の後、南下政策をとっていたロシアが満州に軍隊を送って朝鮮にも勢力をのばそうとしました。ロシアとの対立を深めた日本は、自国の利益を考えていたイギリスと日英同盟を結び戦争に備えました。そしてついに日露戦争がおこりました。

　②日露戦争の講和条約が結ばれると、日本は韓国に対する支配権を強めていきました。こうした中、（　③　）が韓国の青年安重根に暗殺されるという事件がおこり、その後、④日本は1910年、韓国を日本の植民地にしました。

問1　文章中の下線部①について、下の文は日清戦争の講和条約の一部をあらわしています。これを読んで、(1)・(2)の問いに答えなさい。

> 第1条　清国は、朝鮮国が完全な独立国であることを認める。
> 第2条　清国は、aリャオトン半島、台湾とそれに付属の島、澎湖列島の主権を永遠に日本国にあたえる。
> 第4条　清国は、b賠償金として銀2億テールを日本に支払うことを約束する。

□(1)　上の条文中の下線部aについて、この条約が結ばれた後、ロシアはドイツやフランスをさそって、この半島を清に返還するよう日本に求めてきました。この3国の要求により、日本はやむなくこの半島を清に返還しました。このできごとを何といいますか。

□(2)　上の条文中の下線部bについて、この賠償金の一部を使って北九州に建設され、日本の重工業を発展させるきっかけとなった官営工場の名を答えなさい。

□**問2**　日本は、幕末に不平等条約を結びましたが、日清戦争の直前、イギリスとの交渉で治外法権を撤廃することに成功しました。このときの外務大臣を下から選び、記号で答えなさい。
　ア　小村寿太郎　　イ　大久保利通　　ウ　岩倉具視　　エ　陸奥宗光

レベル B 問題演習

□**問3**　前の文章中の下線部②について、この講和条約やその内容についてあやまっているものを下のア〜エ、カ〜ケから１つずつ選び、それぞれ記号で答えなさい。

【条約について】　**ア**　この条約はポーツマス条約とよばれている。

イ　この条約はアメリカ大統領ルーズベルトの仲立ちで結ばれた。

ウ　この条約の日本側の代表は陸奥宗光だった。

エ　この条約に反対して東京の日比谷では焼き打ち事件がおこった。

【内容について】　**カ**　日本はロシアから樺太の北緯50度以南を譲り受けた。

キ　日本はロシアから後に南満州鉄道とよばれる鉄道とそれに関する利権を譲り受けた。

ク　ロシアは賠償金として３億１千万円を日本にあたえた。

ケ　ロシアは韓国に対する日本の優越権を認めた。

□**問4**　前の文章中の（　③　）にあてはまる人物の名を答えなさい。

問5　前の文章中の下線部④について、(1)・(2)の問いに答えなさい。

□(1)　このことを何といいますか。

□(2)　この後の韓国のようすについて、あやまっているものを下から選び、記号で答えなさい。

ア　台湾と同様に、韓国の人々にも選挙権があたえられた。

イ　田畑が安いねだんで日本人に買い取られ、農民は土地を失った。

ウ　学校では、日本語が教えられ、日本の歴史の授業がおこなわれた。

エ　韓国の人々の名前を日本風に改めさせたり、神社への参拝を強制したりした。

□**問6**　前の文章中の下線部④の翌年、日本は関税自主権を回復し、不平等条約の改正に成功しました。このときの外務大臣を問２のア〜エから選び、記号で答えなさい。

第16回 大正・昭和時代(戦前)

 要点ピックアップ

時代	西暦	できごと
大正時代	1914年	**第一次世界大戦が始まる**
	1915年	中国に二十一か条の要求を出す
	1916年	○吉野作造が民本主義を説く
	1918年	シベリア出兵のための米の買いしめにより米騒動がおこる
		原 敬が本格的な政党内閣を組織する
	1919年	パリでベルサイユ条約が結ばれる
	1920年	アメリカ大統領ウィルソンの提案により、国際連盟が設立される
	1922年	全国水平社ができる
	1923年	**関東大震災がおこる**
	1925年	治安維持法が出される
		普通選挙法が出される
昭和時代	1929年	世界恐慌がおこる
	1931年	満州事変がおこる
	1932年	五・一五事件がおこる→犬養 毅首相が暗殺される
	1933年	**日本が国際連盟を脱退する**
	1936年	二・二六事件がおこる
	1937年	**日中戦争が始まる**
	1939年	第二次世界大戦が始まる
	1940年	日独伊三国軍事同盟が結ばれる
	1941年	日本がハワイの真珠湾を攻撃し、**太平洋戦争が始まる**
	1945年	**広島と長崎に原子爆弾が投下される**
		日本がポツダム宣言を受諾し、太平洋戦争が終わる

レベル **A** 問題演習

◆ 次の年表を見て、あとの各問いに答えなさい。

→ 解答は148ページ

1914年	第一次世界大戦がおこる	①
1918年	富山県で（　あ　）がおこる	②
1919年	ベルサイユ条約に調印する	
1920年	国際連盟（れんめい）が発足する	③
1931年	満州（まんしゅう）事変がおこる	④
1933年	国際連盟を脱退（だったい）する	
1937年	日中戦争が始まる	⑤
1941年	（　い　）戦争が始まる	⑥
1945年	ポツダム宣言（せんげん）を受諾（じゅだく）する	

問1 年表中の①について、(1)・(2)の問いに答えなさい。

□(1) この戦争は、オーストリアの皇太子（こうたいし）夫妻が暗殺される事件がきっかけとなっておこりました。この事件のおこった都市を下から選び、記号で答えなさい。

　ア　ローマ　　　イ　ウィーン　　　ウ　サラエボ　　　エ　ベルリン

(2) 第一次世界大戦に参戦した日本は、ヨーロッパ諸国（しょこく）の目がアジアからはなれているすきに、中国での権益（けんえき）を広げようと、1915年、中国に対して次のような要求をつきつけました。これについて、①・②の問いに答えなさい。

> 第1号　（　　　　）が山東省（シャントン）にもっている権利と利益について、日本と（　　　　）との協定（みと）を認めること。
> 第2号　旅順（リュイシュン）・大連（ターリエン）と南満州鉄道を日本が中国から借りる期限を99か年延長（えんちょう）すること。
> 第5号　支那（しな）（中国）の中央政府に、政治・財政・軍事顧問（こもん）として、有力な日本人を招いて用いること。必要な地方の警察（けいさつ）は、日本と支那合同とすること。

□① この要求を何といいますか。

□② この史料中の（　　　　）にあてはまる国の名を下から選び、記号で答えなさい。

　　ア　フランス　　　イ　オーストラリア　　　ウ　ドイツ　　　エ　オランダ

問2 年表中の②について、(1)・(2)の問いに答えなさい。

□(1) 第一次世界大戦末期の1918年には、富山県の漁村の主婦たちが暴動をおこし、米屋をおそう事件が全国に広がり、政府はその鎮圧に軍隊を出動させました。年表中の（　あ　）にあてはまる、この事件の名を答えなさい。

□(2) この事件の後、立憲政友会の総裁である（　　　　　）が、初めての本格的な政党内閣を成立させました。（　　　　　）にあてはまる人物の名を答えなさい。

問3 年表中の③について、(1)・(2)の問いに答えなさい。

□(1) 国際連盟の設立を提唱したアメリカ合衆国の大統領の名を答えなさい。

□(2) この国際的な平和組織は、世界平和に対して充分な貢献ができませんでした。その理由としてあやまっているものを下から選び、記号で答えなさい。

ア 国際的に大きな影響力をもつようになっていたアメリカ合衆国が参加しなかったから。

イ この組織のきまりに違反した国に対して有効な制裁手段をもっていなかったから。

ウ 重要なことがらについては、常任理事国である日本・イギリス・フランス・イタリアが1国でも反対すれば決定しない原則があり、加盟国から不満をかったから。

□**問4** 年表中の④について、日本の軍部が中国側のしわざにみせかけた鉄道の爆破事件である柳条湖事件を口実に、大陸の一部を占領したできごとを満州事変といいます。翌年、日本軍が占領した地域に建国された満州国の位置を正しくしめしているものを右の地図中のア～エから選び、記号で答えなさい。

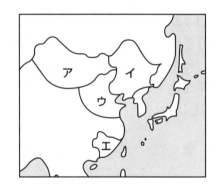

□**問5** 年表中の⑤について、1937年、北京郊外で日中両軍が衝突し、その衝突が日本と中国との全面的な戦争へと発展していきました。日中両軍が衝突したあとの経過の説明として正しいものを下から選び、記号で答えなさい。

ア 事件をきっかけに中国全土で暴動が発生し、各地の外国人が危険な状態にさらされたため、日本軍は各国の要請を受けて、暴動の鎮圧にのり出した。

イ 日本政府は、事件を大きくしない方針を取り、中国に駐留していた軍隊もその方針にしたがって停戦した。

ウ 日本政府は事件を大きくしない方針を取っていたが、しだいに強硬方針を打ち出し、全面戦争へと発展していった。

□**問6** 年表中の⑥について、（　い　）にあてはまる語句を答えなさい。

レベル B　問題演習

◆　次の文章を読んで、あとの各問いに答えなさい。

→ 解答は149ページ

　明治時代の日本では、明治維新を推しすすめた一部の地域の出身者が政治を独占するとともに、有権者も国民の約（　A　）％に過ぎず、国民全体の意見が反映されにくい状態がありました。しかし、大正時代に入ると、雑誌に次のような論文が発表されるなどして、国民の政治参加への意識が高まっていきます。

雑誌に発表された論文

　従来は、民主主義ということばが普通に使われていたようだ。民衆主義とか平民主義とかよばれたこともある。しかし、民主主義といってしまうと、…中略…₁「国家の主権は人民にあり」という危険な学説と混同されやすい。…中略…政治上一般民衆を重んじ、その間に貴賤上下の区別をせず、しかも国家のあり方が君主制だろうと共和制だろうと関係なく通用するためには、□□□□主義という比較的新しい用語が一番適当かと思う。

　こうした論文の発表などがあって、大正時代には国民の間で民主政治を求める風潮が高まり、日本の政治や社会にさまざまな変化がおこりました。特に、₂1925年に新しく普通選挙法が成立すると、国民の約（　B　）％の人々が選挙権をもつようになりました。

　しかし、₃日本の民主政治は、その後の軍部の台頭と暴力によって打ちくだかれ、やがて、軍部の暴走を止めることができなくなった日本は悲惨な戦争への道を歩んでいくこととなったのです。

問1　雑誌に発表された論文について、(1)〜(4)の問いに答えなさい。

□(1)　この論文を発表した人物の名を下から選び、記号で答えなさい。

　　ア　尾崎行雄　　　　　イ　平塚雷鳥
　　ウ　内村鑑三　　　　　エ　吉野作造

□(2)　文章中の下線部1について、当時、憲法で主権者はだれとされていましたか。

□(3)　この論文はどのようなことを主張していますか。ふさわしいものを下から選び、記号で答えなさい。

　　ア　民衆を重んじた政治を進めていくためには、君主制をやめて共和制にする必要がある。

　　イ　身分や財産のちがいが出ないように、社会の財産を国民が平等に共有する必要がある。

　　ウ　政治の目的は、身分などに関係なく国民全体を幸福にしていくことにある。

□(4)　文章中の□□□□にあてはまることばを漢字2字で答えなさい。

問2 文章中の下線部2について、(1)～(4)の問いに答えなさい。

□(1) 普通選挙法では、明治時代から続いていたある制限が完全に撤廃されました。その制限とは何による制限でしたか。

□(2) (1)で答えた制限がなくなった結果、有権者の資格はどのようになりましたか。答えなさい。

□(3) 普通選挙法が成立したことで、有権者の人数が大きくふえました。文章中の（　A　）・（　B　）にあてはまる数字を下から選び、それぞれ記号で答えなさい。
　　ア　1　　　　イ　10　　　　ウ　20　　　　エ　50　　　　オ　85

□(4) 政府は普通選挙法を成立させるのと同時に、社会運動を取りしまるための法律を制定しました。この法律の名を答えなさい。

問3 文章中の下線部3について、(1)～(3)の問いに答えなさい。

□(1) 昭和に入ってから、軍部は政府の方針を無視して中国での侵略行為をすすめるようになりました。
　　1932年、内閣総理大臣であった犬養毅が軍部の思うような政治をおこなわず、中国における軍部の侵略行為を批判していたために、軍人によって暗殺されるという事件がおこります。内閣総理大臣が暗殺されたことによって、日本の政治は大きな変化をむかえました。その変化の説明として正しいものを下から選び、記号で答えなさい。
　　ア　男子全員に兵役が課せられることになった。
　　イ　1918年以来続いてきた政党政治が終わった。
　　ウ　内閣は、全員軍人によって組織されることになった。
　　エ　選挙権を得るために必要な資格の制限が再びきびしくなった。

□(2) 1936年には、軍の若い将校らが首相や大臣の暗殺を計画し、東京の中心部を一時占領した事件がおこります。この事件の名を答えなさい。

□(3) (2)で答えた事件で、反乱をおこした部隊は鎮圧されたものの、この事件以降、日本の政治は軍部の力によって動かされていくようになりました。こうした当時の社会のようすをあらわした絵としてふさわしいものを下から選び、記号で答えなさい。

ア

イ

ウ

要点ピックアップ

時代	西暦	できごと
昭和時代	1945年	GHQが日本を占領する→農地改革や財閥解体などを指令
	1946年	**日本国憲法が公布される**→翌年施行
	1950年	**朝鮮戦争が始まる**
		警察予備隊がつくられる→2年後に保安隊、4年後に自衛隊となる
	1951年	**サンフランシスコ平和条約が結ばれる**
		日米安全保障条約が結ばれる
	1956年	**日ソ共同宣言が調印される**→国際連合に加盟する
	1964年	東海道新幹線が開通する（東京〜新大阪間）
		東京オリンピックが開催される
	1965年	日韓基本条約が結ばれる
	1968年	小笠原諸島が返還される
	1972年	**沖縄が返還される**
		日中共同声明が調印され、日本と中国の国交が回復する
	1973年	第四次中東戦争をきっかけに石油危機がおこる
	1978年	**日中平和友好条約が結ばれる**
	1988年	青函トンネル、瀬戸大橋が開通する
平成時代	1989年	消費税が導入される
	1992年	国連平和維持活動（PKO）協力法ができる
	1995年	阪神・淡路大震災・地下鉄サリン事件がおこる
	2003年	イラク戦争が始まる
	2011年	東日本大震災がおこる
	2016年	北海道新幹線が開業する

レベル **A** 問題演習　　　日能研 正答率 100% 〜 80%

◆ 戦後の日本と国際社会について、次の年表を見ながら、あとの各問いに答えなさい。

→ 解答は149ページ

1951年	サンフランシスコ講和会議が開かれる	A
1954年	第五福竜丸が太平洋のビキニ島沖で「死の灰」を浴びる	B
1956年	日本がソ連と国交を回復する	C
1960年	日本がアメリカとの間で（　あ　）条約を改定する	
1972年	日本が中国と国交を回復する	D
1978年	（　い　）条約が結ばれる	E

問1　年表中のAについて、(1)・(2)の問いに答えなさい。

□(1)　この講和会議に日本代表として出席した当時の内閣総理大臣の名を下から選び、記号で答えなさい。

ア　田中角栄　　　　イ　佐藤栄作　　　　ウ　福田赳夫
エ　鳩山一郎　　　　オ　吉田茂

□(2)　日本はこの会議で、連合国48か国との間で講和条約を結び、主権の回復を認められました。下のア〜オのうち、この48か国にふくまれない国を2つ選び、記号で答えなさい。

ア　ソ連　　　イ　オランダ　　　ウ　中国　　　エ　イギリス　　　オ　フランス

問2　年表中のBについて、(1)・(2)の問いに答えなさい。

□(1)　この事件は、当時、国際社会の中で核開発をめぐる競争が激しくなっていたことを象徴しています。この理由について、次のようにまとめました。次の文中の（　1　）〜（　3　）にあてはまる国名やことばをそれぞれ答えなさい。

第二次世界大戦後、（　1　）を中心とする社会主義の国々と、（　2　）を中心とする資本主義の国々が（　3　）とよばれる対立状態にあったから。

□(2)　この事件をきっかけに、日本国内では原水爆禁止運動が全国に広まり、翌年第1回原水爆禁止世界大会が初めて原爆が落とされた日本の都市で開催されました。この大会が開催された都市の名を下から選び、記号で答えなさい。

ア　長崎　　　イ　那覇　　　ウ　広島　　　エ　東京

問3　年表中のCについて、次の史料はこのときに発表された宣言の一部をしめしています。これについて、あとの(1)・(2)の問いに答えなさい。

レベル A 問題演習

> 一、日本国とソ連との間の戦争状態は、この宣言が効力を生ずる日に終わり、両国の間に平和と友好関係が回復される。
>
> 二、日本国とソ連との間に外交と領事関係が回復される。

□(1)　この宣言の名を答えなさい。

□(2)　現在、日本は、ロシア連邦に対して（　1　）の返還（へんかん）を求めて交渉（こうしょう）を続けています。この宣言は、（　1　）のうち（　2　）・（　3　）の2島が、両国の間で平和条約が結ばれた後に返還されることを掲（かか）げていますが、まだ実現されていません。

　　　（　1　）にあてはまることばを答えなさい。また、（　2　）・（　3　）にあてはまる島の名の組み合わせとして正しいものを下から選び、記号で答えなさい。

　　ア　択捉島（えとろふ）・国後島（くなしり）　　**イ**　歯舞群島（はぼまい）・色丹島（しこたん）　　**ウ**　択捉島（えとろふ）・得撫島（ウルップ）

□**問4**　前の年表中の（　あ　）には、Aのときに日本とアメリカとの間で結ばれた条約の名があてはまります。（　あ　）にあてはまる条約の名を答えなさい。

問5　前の年表中の（　い　）には、日本と中国との間で結ばれた条約の名があてはまります。これについて、(1)・(2)の問いに答えなさい。

□(1)　（　い　）にあてはまる条約の名を答えなさい。

□(2)　これにより、日本と中国との間で、より国交を深めていくことが確認（かくにん）されました。一方、世界にはまだ日本が正式に国交を結んでいない国もあります。下から、まだ日本が正式に国交を結んでいない国を選び、記号で答えなさい。

　　ア　大韓民国（だいかんみんこく）　　**イ**　朝鮮民主主義人民共和国（ちょうせんみんしゅしゅぎじんみんきょうわこく）

　　ウ　カナダ　　**エ**　オーストラリア

問6　右の①・②のできごとについて、(1)・(2)の問いに答えなさい。

> ①　沖縄が日本に返還された。
> ②　日本の国際連合への加盟（かめい）が認められた。

□(1)　①について、沖縄の返還に努力するとともに、「核兵器をつくらず、もたず、もちこませず」という非核三原則をうち出し、ノーベル平和賞を受賞した元内閣総理大臣の名を答えなさい。

□(2)　①・②について、それぞれのできごとのあった年を、前の年表中のA～Eから選び、記号で答えなさい。

□**問7**　前の年表中のC・D・Eのできごとのときに内閣総理大臣だった人物の名を問1(1)のア～オから選び、それぞれ記号で答えなさい。

 問題演習

 次の文章を読んで、あとの各問いに答えなさい。

→ 解答は149ページ

　太平洋戦争後、日本の経済や産業が復興するきっかけとなったのが、1950年に始まった（　あ　）戦争です。この戦争により、日本がむかえた好景気を特需景気といいます。その後、1960年代に入り、（　い　）が組織した内閣により「国民所得倍増計画」が推しすすめられると、およそ10年間に日本はかつてないほどの経済成長をとげました。この時期を高度経済成長期といいます。

　しかし、1970年代に入り、（　う　）をきっかけに石油の価格が高騰すると、国内の物価も上昇し、国民生活に大きな影響をあたえました。また、それとともに日本の高度経済成長期は終わりを告げました。

問1　文章中の（　あ　）について、(1)〜(3)の問いに答えなさい。

□(1)　（　あ　）にあてはまる戦争の名を答えなさい。

□(2)　この戦争をきっかけに日本が特需景気をむかえた理由を、次のことばを使って説明しなさい。

> ●中国・アメリカ・ソ連のうちいずれか１つの国名
> ●軍需品

□(3)　また、この戦争が始まると、日本に警察予備隊が創設されました。それが発展した現在の組織を何といいますか。

問2　1960年代のようすについて、(1)・(2)の問いに答えなさい。

□(1)　文章中の（　い　）にあてはまる、当時の内閣総理大臣の名を答えなさい。

(2)　高度経済成長期の日本を象徴するできごとの１つに、1964年10月10日、ある国際競技大会が東京で開催されたことがあげられます。この大会がアジアで開催されたのは初めてのことでした。

□①　この国際競技大会の名をカタカナで答えなさい。

□②　この大会がおこなわれるにあたり、当時「夢の超特急」とよばれた新幹線が10月１日に開通しています。この新幹線は、当時、東京とどの都市を結んでいましたか。下から選び、記号で答えなさい。

　ア　広島市　　　　イ　大阪市　　　ウ　神戸市　　　エ　福岡市

レベル B 問題演習

問3　1970年代の日本のようすについて、(1)～(3)の問いに答えなさい。

□(1)　前の文章中の（　う　）にあてはまる戦争の名を答えなさい。また、文章中の下線部にしめされている、石油価格の高騰に始まったこの騒動（そうどう）を何といいますか。

□(2)　(1)で答えた騒動の原因として正しいものを下から選び、記号で答えなさい。

　　ア　(1)で答えた戦争の際、アラブ諸国（しょこく）の油田が破壊（はかい）され、石油の産出量が大きくへり、世界的な石油不足がおこったから。

　　イ　(1)で答えた戦争の際、イスラエルを支持した先進諸国に対し、石油の産出国であるアラブ諸国が石油価格を大幅（おおはば）に引き上げたから。

　　ウ　(1)で答えた戦争が長期化したことにより、その間アラブ諸国は石油の採掘（さいくつ）がおこなえなかったため、世界的な石油不足がおこったから。

□(3)　日本は(1)で答えた騒動を教訓に、さまざまな対策（たいさく）をおこないました。その対策として正しいものを下から選び、記号で答えなさい。

　　ア　政府は積極的にダムの建設をおこない、電力の大部分を水力発電でまかなおうとした。

　　イ　アラブ諸国だけではなく、なるべく広い地域（ちいき）から石油を輸入するようにした。

　　ウ　石油の不足などに備え、政府が中心となり国内の石油の採掘をすすめて自給率を大幅に高めようとした。

　　エ　1970年代の後半にはすでに、エネルギー資源（しげん）の中心を天然ガスに切りかえていた。

第18回 日本国憲法

要点ピックアップ

大日本帝国憲法と日本国憲法の比較

大日本帝国憲法		日本国憲法
1889(明治22)年2月11日	発布(公布)年	1946(昭和21)年11月3日
1890年11月29日	施行年	1947年5月3日
欽定憲法（君主が制定）	かたち	民定憲法（国民が制定）
天皇	主権者	国民
法律の定めるはんいで認める	国民の権利	侵すことのできない永久の権利
納税・兵役	国民の義務	教育・勤労・納税
天皇が統帥する	軍隊	戦力はもたない

資料から読む!!

・太平洋戦争が終わり、国のしくみと政治のあり方が大きく変化した。

基本的人権の種類

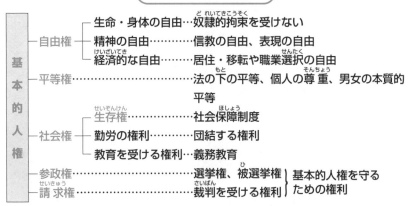

基本的人権
- 自由権
  - 生命・身体の自由…奴隷的拘束を受けない
  - 精神の自由…………信教の自由、表現の自由
  - 経済的な自由………居住・移転や職業選択の自由
- 平等権……………………………法の下の平等、個人の尊重、男女の本質的平等
- 社会権
  - 生存権……………社会保障制度
  - 勤労の権利………団結する権利
  - 教育を受ける権利…義務教育
- 参政権………………………………選挙権、被選挙権 ┐ 基本的人権を守る
- 請求権………………………………裁判を受ける権利 ┘ ための権利

※**社会保障制度**（社会権の中の生存権で規定）
- 社会保険…社会保障制度の中心、健康保険・雇用保険・年金保険など
- 公的扶助…生活の苦しい人たちを助けるしくみ、生活保護
- 社会福祉…体の不自由な人々やお年寄りなどを助けるしくみ
- 公衆衛生…環境衛生の改善をすすめるしくみ

資料から読む!!

・日本国憲法のもとで、国民一人ひとりにさまざまな権利が認められた。

レベル A　問題演習

◆　次の文章を読んで、あとの各問いに答えなさい。

→ 解答は150ページ

　₁日本国憲法は、（　　　　）に公布され、半年後に施行されました。この憲法が制定されたことは戦後の民主化政策の中でもっとも重要なできごとの一つであるといえます。

　この憲法は、民主主義の考え方にもとづき、₂国民主権・₃平和主義・₄基本的人権の尊重の三原則を中心として前文および103条の条文から成り立っています。日本国憲法第98条には「この憲法は、国の最高法規である」と定められています。最高法規である憲法の内容が容易に変更されてしまうと、国の政治や国民の生活に多大な影響をあたえることになります。そのためしっかりとした₅憲法改正の手続きが日本国憲法には規定されています。

問 1　下線部 1 について、(1)・(2)の問いに答えなさい。

□(1)　（　　　　）にあてはまる年月日を答えなさい。

□(2)　日本国憲法が施行された日は、現在国民の祝日になっています。何という祝日ですか。下から選び、記号で答えなさい。

　　ア　建国記念の日　　　　**イ**　憲法記念日　　　**ウ**　文化の日

問 2　下線部 2 について、次の日本国憲法前文の一部を読み、(1)〜(3)の問いに答えなさい。

> 　日本国民は、₍A₎正当に選挙された国会における（　1　）を通じて行動し、われらとわれらの子孫のために、諸国民との協和による成果と、わが国全土にわたって自由のもたらす恵沢を確保し、（　2　）の行為によって再び戦争の惨禍が起ることのないようにすることを決意し、ここに₍B₎主権が国民に存することを宣言し、この憲法を確定する。

□(1)　前文中の（　1　）・（　2　）にあてはまる語句を下から選び、それぞれ記号で答えなさい。

　　ア　天皇　　　　**イ**　代表者　　　**ウ**　大臣　　　**エ**　政府

□(2)　下線部Aについて、日本では国民が前文中の（　1　）を選挙で選ぶことで政治に参加する、という形式が取られています。本来、国民全員の意見をきいて政治をおこなうことが理想ですが、それは事実上不可能なので、現在では国民の選んだ（　1　）によって政治上の決定がなされています。このようなしくみを何といいますか。

　(3)　下線部Bについて、①〜④の問いに答えなさい。

　　□①　第 1 条において、「天皇は、日本国の（　　　）であり日本国民統合の（　　　）であって、……」と定められています。（　　　）にあてはまることばを答えなさい。ただし、2 つの（　　　）には同じ語句が入ります。

□② 天皇は①のような地位になり、政治に関する力をもたず、形式的・儀礼的な仕事のみをおこなうように定められています。この天皇がおこなう形式的な仕事のことを何といいますか。

□③ ②で答えた仕事はどのような手続きを経ておこなわれますか。ふさわしいものを下から選び、記号で答えなさい。

　　ア　国会の助言と承認にもとづいておこなわれる。

　　イ　内閣の助言と承認にもとづいておこなわれる。

　　ウ　内閣総理大臣の助言と内閣の承認にもとづいておこなわれる。

　　エ　天皇の判断と内閣の責任にもとづいておこなわれる。

□④ 天皇の仕事としてふさわしくないものを下から選び、記号で答えなさい。

　　ア　国会を召集すること　　　イ　衆議院を解散すること

　　ウ　条約を結ぶこと　　　　　エ　法律や政令を公布すること

問3 下線部3について、次の条文を読み、(1)～(5)の問いに答えなさい。

　　　　　[日本国憲法第（　1　）条]
① 日本国民は、正義と秩序を基調とする国際平和を誠実に希求し、国権の発動たる（　2　）と、（　3　）による威嚇又は（　3　）の行使は、国際紛争を解決する手段としては、永久にこれを放棄する。
② 前項の目的を達するため、陸海空軍その他の（　4　）は、これを保持しない。国の（　5　）は、これを認めない。

□(1) 条文中の（　1　）にあてはまる数字を答えなさい。

□(2) 条文中の（　2　）～（　5　）にあてはまることばを下から選び、それぞれ記号で答えなさい。ただし、同じ番号には同じことばがあてはまります。

　　ア　戦力　　　　イ　戦争　　　　ウ　交戦権　　　　エ　武力

□(3) 平和主義をかかげている日本ですが、1954年に（　6　）という組織をつくりました。この組織は1950年につくられた（　7　）を前身にしており、平和主義との関係で、現在でもその存在をめぐって、論争がおきています。（　6　）・（　7　）にあてはまることばをそれぞれ答えなさい。

□(4) (3)で答えた組織は、ＰＫＯ協力法という法律により、海外へ派遣されることになりました。これは、国際連合が中心となっておこなっている（　　　）に参加するためです。（　　　）にあてはまる活動を下から選び、記号で答えなさい。

　　ア　ボランティア活動　　　　イ　平和維持活動　　　　ウ　環境保護活動

□(5) 現在、日本には沖縄県を初めとして多くのアメリカ軍基地が置かれています。これはアメリカ合衆国との間で1951年に結ばれた条約にもとづいています。しかし、アメリカ合衆国の軍隊が日本に駐留することは平和主義を掲げている現在の憲法との関係

で問題であるという考えもあります。この条約を何といいますか。

問4 前の下線部4について、(1)・(2)の問いに答えなさい。

□(1) 基本的人権の説明としてふさわしいものを下から選び、記号で答えなさい。

　　ア　だれもが生まれながらにしてもっている権利

　　イ　18歳以上の男女にだけ認められている権利

　　ウ　税金を納めているすべての国民に認められている権利

□(2) 次の文は、基本的人権について定めた憲法の条文です。条文中の（　1　）〜（　6　）にあてはまる語句をあとのア〜カから選び、それぞれ記号で答えなさい。

[日本国憲法第11条]

　国民は、すべての基本的人権の享有を妨げられない。この憲法が国民に保障する基本的人権は、侵すことのできない（　1　）の権利として、現在及び（　2　）の国民にあたえられる。

[日本国憲法第12条]

　この憲法が国民に保障する（　3　）及び権利は、国民の不断の（　4　）によって、これを保持しなければならない。又、国民は、これを（　5　）してはならないのであって、常に（　6　）のためにこれを利用する責任を負う。

ア　公共の福祉　　イ　永久　　ウ　努力　　エ　将来　　オ　自由　　カ　濫用

問5 憲法は国民に対するさまざまな権利を保障する一方、国民の守るべき義務についても定めています。このことについて、(1)・(2)の問いに答えなさい。

□(1) 大日本帝国憲法に定められている義務には、①大日本帝国憲法にしか定められていない義務と②日本国憲法にも定められている義務の2つがあります。①・②にあてはまる義務をそれぞれ答えなさい。

□(2) 日本国憲法は(1)②の義務のほか、子どもに教育を受けさせる義務、（　　　）の義務を定めています。（　　　）にあてはまる語句を答えなさい。

□**問6** 前の下線部5について、憲法を改正する際に、国民は賛成か反対かの意思表示することができるでしょうか。できると思う場合は○、できないと思う場合は×と答えなさい。また、そう考えた理由を下から選び、記号で答えなさい。

　　ア　憲法をつくったり、改正したりする仕事はすべて国会にその権限があたえられているから。

　　イ　国の根本的なきまりである憲法を改正するときには、国民投票をする機会をあたえられているから。

　　ウ　憲法改正の案を国民がつくり、国会に提出できるから。

レベル B 問題演習

日能研
正答率 80% 〜 50%

日本国憲法に定められた基本的人権について、次の図を見て、あとの各問いに答えなさい。

→ 解答は150ページ

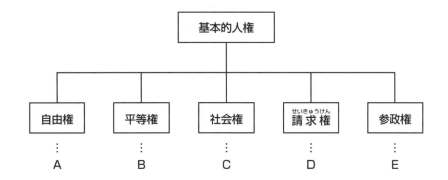

□**問1** 基本的人権はその内容からいくつかの権利に分けられます。次の①〜⑤のことがらは、図中のA〜Eのどの権利と関係がありますか。あとのア〜エの組み合わせから正しいものを選び、記号で答えなさい。

① 小学校や中学校では、教科書が無償で配布される。
② 私たちは日常生活の中の争いごとなどを、裁判によって解決することができる。
③ 結婚は男女の合意にもとづいて成立し、夫婦は同じ権利を持っている。
④ 私たちは好きな場所に住むことができ、どのような職業にもつくことができる。
⑤ 私たちは国会議員などの選挙に立候補でき、政治を担うことができる。

	①	②	③	④	⑤
ア	C	D	B	A	E
イ	A	D	B	C	E
ウ	A	E	B	C	D
エ	C	D	A	B	E

問2 図中の平等権について、次の憲法第14条の一部を読んで、(1)・(2)の問いに答えなさい。

［日本国憲法第14条］
　すべて国民は、□□□□に平等であって、人種、信条、性別、社会的身分又は門地により、政治的、経済的又は社会的関係において、（　　　）されない。

□(1) 条文中の□□□□にあてはまる語句を3字で答えなさい。

□(2) 条文中の（　　）にあてはまる語句を2字で答えなさい。

レベル B 問題演習

問3 前の図中の社会権について、(1)・(2)の問いに答えなさい。

☐(1) 次の文は、人間らしい生活を送る権利について定めた憲法の条文です。条文中の（ 1 ）・（ 2 ）にあてはまる語句をあとのア〜オから選び、それぞれ記号で答えなさい。またここで定められている権利のことを何権といいますか。

――― ［日本国憲法第25条］ ―――
① すべて国民は、（ 1 ）で（ 2 ）的な最低限度の生活を営む権利を有する。
② 国は、すべての生活部面について、社会福祉、社会保障 及び公 衆 衛生の向上及び増進に努めなければならない。

ア 平等　　**イ** 文化　　**ウ** 自由　　**エ** 健康　　**オ** 平和

☐(2) (1)にもとづいて、国は社会保障制度を定め、立場の弱い人々の生活を守るしくみをつくっています。社会保障制度は、社会保険・社会福祉・公的扶助・公衆衛生から成り立っています。これらに関係することがらを下から選び、それぞれ記号で答えなさい。

ア 伝染 病の予防や国民の健康管理をすすめるために、各市町村には保健所が設けられている。

イ 毎月決められた金額を納めることにより、老後の生活に備えることができる。

ウ 生活の苦しい人に対し、政府は生活費や医療費などを援助している。

エ 政府は、お年寄りや体の不自由な人のために、いろいろな施設やサービスを提 供している。

問4 最近では、前の図の5つの権利以外にも新しい権利が認められています。このことについて、(1)・(2)の問いに答えなさい。

☐(1) 高いビルが建てられるとき、まわりの住民は日当たりが悪くならないようにしてほしいと考えます。そこで憲法第25条を根拠に、人間はより良い環 境のもとで生活できる権利を有しているという考えが生まれました。この良い環境のもとで生活できる権利のことを何権といいますか。

☐(2) 他人に知られたくないことがらを知られないようにする権利のことを（　　　）を守る権利といいます。
（　　　）にあてはまる語句をカタカナで答えなさい。

問5　人権の保障と尊重（そんちょう）は、現在では国際的な広がりをもっています。このことについて、(1)〜(3)の問いに答えなさい。

☐(1)　1948年12月10日に国際連合の総会で採択（さいたく）された[＿＿＿＿]宣言（せんげん）は、こうした国際的な動きのきっかけとなりました。

　　　　[＿＿＿＿]にあてはまる語句を答えなさい。

☐(2)　1979年に国際連合で女子差別撤廃（てっぱい）条約が採択されました。日本がこの条約を※批准（ひじゅん）するために、1985年に職場における男女の差別を解消することを目的とする男女雇用機会[＿＿＿＿]法（こよう）が制定されました。

　　　　[＿＿＿＿]にあてはまる語句を答えなさい。

☐(3)　18歳未満（さい）のすべての者の人権を守るために、1989年の国際連合の総会で、[＿＿＿＿]の権利条約が採択され、日本では1994年4月22日に国会で批准されました。

　　　　[＿＿＿＿]にあてはまる語句を答えなさい。

　　　　　　　　　　　　　　　　　　　　　　　※　批准…国家（日本では国会）が承認（しょうにん）すること

第 19 回

三権分立

要点ピックアップ

国会─衆議院と参議院の比較

衆議院		参議院
465人 （小選挙区選出 289人 比例代表選出 176人）	議員定数	248人 （選挙区選出 148人 比例代表選出 100人）
18歳以上	選挙権	18歳以上
25歳以上	被選挙権	30歳以上
任期4年。ただし、解散のときは、任期満了前に解任される。	任 期	任期6年。ただし、3年ごとに半数を改選する。

裁判所─三審制のしくみ

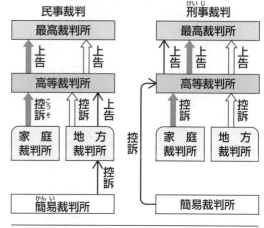

←家庭裁判所事件　⇦地方裁判所事件
←簡易裁判所事件

資料から読む!!
・任期が短く、解散のある衆議院のほうが国民の意見を反映しやすい。→衆議院の優越

三権分立のしくみ

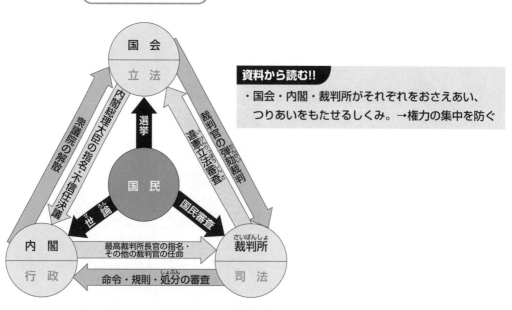

資料から読む!!
・国会・内閣・裁判所がそれぞれをおさえあい、つりあいをもたせるしくみ。→権力の集中を防ぐ

レベル **A** 問題演習　日能研正答率 100% ～ 80%

◆ 法律をつくる機関は、国の政治をおこなう機関の中でもっとも重い地位をしめます。この法律をつくる力をもつ機関である国会について、あとの各問いに答えなさい。

→ 解答は150・151ページ

問1 国会の地位は、日本国憲法第41条において次のように定められています。これについて、(1)・(2)の問いに答えなさい。

第41条 「国会は、国権の最高機関であって、国の唯一の[　　　　]機関である。」

□(1) 第41条において、下線部のように、国会を位置づけている理由を下から選び、記号で答えなさい。

ア 国会は、主権者である国民の代表者からつくられており、国民に選ばれた代表者が実際に政治をおこなう機関であるから。

イ 国会は、主権者である国民の代表者からつくられており、国民の意思をもっともよく反映する機関であるから。

ウ 国会は、主権者である国民すべてが参加してつくられており、国民の意思をもっともよく反映する機関であるから。

□(2) 国会は国権の最高機関であるため、国の政治や国民生活のよりどころとなる法律を制定する権限は、国会だけに属し、それ以外の機関が法律の制定に関わることはありません。このことから、第41条において、国会は国権の最高機関であると同時に、どのような機関であると定められていますか。条文中の[　　　　]にあてはまることばを漢字2字で答えなさい。

問2 国会のしくみは、右の表のように衆議院と参議院の2つの議院から成り立っています。これについて、(1)～(3)の問いに答えなさい。

□(1) 2つの議院から成り立つしくみを何といいますか。

□(2) 2つの議院から成り立つしくみをとることの長所を下から選び、記号で答えなさい。

衆議院		参議院
1	議員定数	2
18歳以上	選挙権	18歳以上
25歳以上	被選挙権	30歳以上
3	任　期	4

ア 多くの議案をそれぞれの議院で分担して審議することができるので、議決を素早くおこなうことができる。

イ それぞれの議院で一つ一つの議案について十分な審議をしなくても、2つの議院で審議できるので、議決をまちがいなくおこなうことができる。

ウ 一方の議院が議決したことを他の議院がさらに検討することによって、審議をより慎重におこなうことができる。

レベル **A** 問題演習

(3)　(2)で答えた長所を生かすために、衆議院と参議院の議員定数や任期などについては
ちがいが設けられており、両院の性格が多少異なるようにしています。これについて、
①・②の問いに答えなさい。

□①　前の表中の　１　・　２　にあてはまるものを下から選び、それぞれ記号
で答えなさい。

　　　ア　小選挙区選出　289人　　比例代表選出　176人
　　　イ　小選挙区選出　289人　　比例代表選出　100人
　　　ウ　選挙区選出　　148人　　比例代表選出　100人
　　　エ　選挙区選出　　148人　　比例代表選出　176人

□②　前の表中の　３　・　４　にあてはまるものを下から選び、それぞれ記号
で答えなさい。

　　　ア　任期4年（ただし、2年ごとに半数を改選する。）
　　　イ　任期6年（ただし、3年ごとに半数を改選する。）
　　　ウ　任期4年（ただし、解散のときは、任期満了前に解任される。）
　　　エ　任期6年（ただし、解散のときは、任期満了前に解任される。）

問3　国権の最高機関として、国会がおこなうもっとも重要な仕事は、法律の制定です。次
の図は、法律ができるまでの流れをあらわしたものです。これについて、(1)〜(3)の問い
に答えなさい。

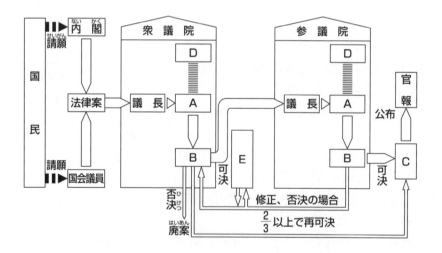

□(1)　図中の　A　〜　C　にあてはまることばを下から選び、それぞれ記号で答え
なさい。
　　　ア　天皇　　　　　　**イ**　内閣　　　　　**ウ**　委員会　　　　**エ**　本会議

□(2)　図中の　D　において、国会で審議される議案にくわしい専門家や利害関係をもつ人をよんで、さまざまな意見を聞くこともできます。これを何といいますか。

□(3)　国会で審議される議案は、衆議院と参議院の両方で可決されなければなりません。しかし、衆議院と参議院で異なった議決となった場合、それぞれの議院の代表が集まって図中の　E　を開き、意見を調整するために話し合いがおこなわれることがあります。これを何といいますか。

□問4　法律の制定以外の国会の仕事としてあやまっているものを下から選び、記号で答えなさい。

ア　予算を議決する。

イ　法律にもとづいて政治をおこなう。

ウ　条約を承認する。

エ　憲法改正を発議する。

問5　憲法は、国会において衆議院と参議院に同じ権限をもたせているわけではありません。たとえば、法律の制定においては、問3の(3)で答えた話し合いでも意見の一致が見られなかった場合に、衆議院で出席議員の3分の2以上の多数で再び可決されれば、法律となります。このように、参議院よりも衆議院のほうが強い権限をもっています。これについて、(1)・(2)の問いに答えなさい。

□(1)　衆議院が参議院よりも強い権限をもつことを何といいますか。

□(2)　法律の制定の他に国会の仕事において、参議院よりも衆議院のほうに強い権限が認められているものとしてあやまっているものを下から選び、記号で答えなさい。

ア　予算を最初に審議する。

イ　条約を承認する。

ウ　憲法改正を発議する。

エ　予算の議決をおこなう。

レベル B **問題演習**

◆ 裁判所のしくみとその役割について、次の会話文を読んで、あとの各問いに答えなさい。

→ 解答は151ページ

A　ちょうど国のしくみを学んでいるので、憲法も学びたいと思います。Bさんは、裁判所に勤めていらっしゃるのですね。ちょうど良い機会ですので、裁判所のことを教えていただけませんか。

B　そうですか。今まで、どんなことを学びましたか。

A　はい。₁憲法では、国の権能を三つに分け、これらを別々の機関に担当させてお互いにチェックするしくみを取り入れています。

B　そうですね。そのうち、│　2　│権を担当しているのが裁判所ですね。

A　裁判所は、どのようにして他の機関をチェックしているのですか。

B　₃裁判所は、国会との関係では、法律が憲法に違反していないかどうかを判断する権限をもっています。また、内閣との関係では、内閣のおこなう政治が憲法に違反していないかどうかを判断する権限をもっています。

A　反対に、裁判所に対するチェック機能はどうなっていますか。

B　まず、内閣との関係において、内閣は│　　4　　│。次に、国会との関係において、国会は裁判官が職務上の義務に著しく違反したときなどにその裁判官をやめさせるかどうかを決める裁判を│　5　│裁判所においておこなうことになっています。

A　裁判所は、他の機関から干渉を受けないというようなことも聞きましたが、そのことと今話のあったチェック機能との関係はどうなるのでしょうか。

B　₆裁判官が一つ一つの裁判をする際には、他のだれからも干渉を受けないことになっています。

A　それは、裁判官が「独立して裁判をおこなう」ということですね。どういうことですか。

B　これは、₇裁判官が、他から指示や命令を受けることなく、自分自身の考えで裁判をおこなうということです。

A　具体的にはどういったことでしょうか。

B　たとえば、国会には国政調査権が認められています。この権限は、裁判所に対してもおよびますが、国会は具体的な裁判について調査し、口出しをすることは許されていないと考えられています。また、同様に内閣も具体的な裁判について注文をつけるようなことはできないことになっています。

A　裁判官が「独立して裁判をおこなう」ということを守る制度はあるのですか。

B　まず、個々の裁判官の身分保障が憲法で定められています。また、裁判官の報酬は、在任中減額されないことも定められています。

A　それによって、裁判官は不当な干渉をおそれずに公正な裁判をすることができるのですね。

B　そうです。

A　裁判所の重要な役割と公正な裁判の実現のためのさまざまな制度がよくわかりました。

B　実際の裁判の様子を見てもらえれば、₈裁判のしくみや役割についてもっと理解できると思いますので、一度裁判所に来てみてください。

A　わかりました。どうもありがとうございました。

問1　会話文中の下線部1について、(1)・(2)の問いに答えなさい。

□(1)　このようなしくみを何といいますか。

□(2)　(1)で答えたしくみについては、18世紀にフランスの思想家がその著書『法の精神』において主張しました。その人物の名を答えなさい。

□**問2**　会話文中の　　2　　にあてはまることばを漢字2字で答えなさい。

問3　会話文中の下線部3について、(1)～(3)の問いに答えなさい。

□(1)　このような権限を何といいますか。

□(2)　(1)で答えた権限をあたえられ、最終の判断をする終審裁判所であることから、最高裁判所は何とよばれていますか。

□(3)　裁判官が、法律や政治が憲法に反していないかを判断する理由は、憲法が国家においてどのような位置にあるものだからですか。漢字4字で答えなさい。

□**問4**　会話文中の　　　4　　　にあてはまる文を次から選び、記号で答えなさい。

ア　最高裁判所の長官を指名し、その他の裁判官を任命することになっています

イ　国会によって指名されたすべての裁判官を任命することになっています

ウ　最高裁判所の長官およびその他の裁判官を任命することになっています

□**問5**　会話文中の　　5　　にあてはまることばを答えなさい。

□**問6**　会話文中の下線部6について、この原則を何といいますか。

□**問7**　会話文中の下線部7について、公正な裁判の実現のため、憲法は次のように定めています。

> 第76条③　「すべて裁判官は、その　　あ　　に従い独立してその職権をおこない、この憲法及び　　い　　にのみ拘束される。」

条文中の　あ　・　い　にあてはまることばをそれぞれ漢字2字で答えなさい。

レベル B 問題演習

問8　前の会話文中の下線部8について、下の図は、日本の裁判のしくみをあらわしたものです。これについて、(1)・(2)の問いに答えなさい。

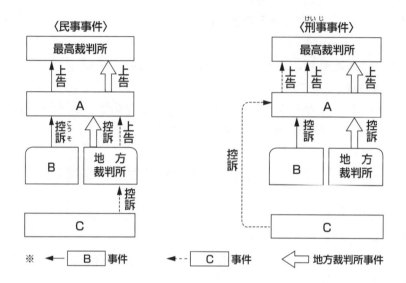

□(1)　図中の下級裁判所にあたる　A　～　C　の裁判所の種類を下から選び、それぞれ記号で答えなさい。

ア　簡易裁判所　　　　イ　高等裁判所　　　ウ　家庭裁判所

□(2)　日本の裁判は、裁判の結果に不服があるときは、同じ事件について3回まで裁判をおこなうことができます。このしくみを何といいますか。

第20回 予算・地方自治

要点ピックアップ

予算の戦前と現在の比較

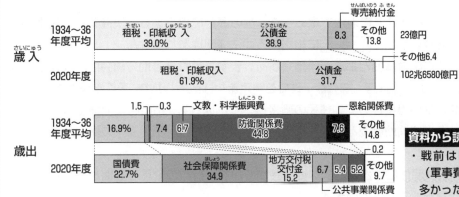

歳入

| 1934〜36年度平均 | 租税・印紙収入 39.0% | 公債金 38.9 | 8.3 | その他 13.8 | 23億円 |

専売納付金

| 2020年度 | 租税・印紙収入 61.9% | 公債金 31.7 | | 102兆6580億円 |

その他6.4

歳出

| 1934〜36年度平均 | 16.9% | 7.4 | 6.7 | 防衛関係費 44.8 | 7.6 | その他 14.8 |

1.5 — 0.3 — 文教・科学振興費 — 恩給関係費

| 2020年度 | 国債費 22.7% | 社会保障関係費 34.9 | 地方交付税交付金 15.2 | 6.7 | 5.4 | 5.2 | その他 9.7 |

0.2 — 公共事業関係費

（『日本国勢図会2020/21』より）

> **資料から読む!!**
> ・戦前は防衛関係費（軍事費）の支出が多かった。

地方政治のしくみ

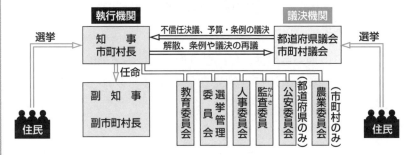

直接請求権

請求の種類	必要な署名数	請求先	請求後おこなわれること
条例の制定・改廃	有権者の 1/50 以上	首長	議会を招集して採決する
監査		監査委員	監査をおこない、その結果を公表するとともに首長や議会に報告する
議会の解散	リコール 有権者の 1/3 以上	選挙管理委員会	解散について有権者の投票をおこない、過半数の賛成があれば解散する
首長・議員の解職		選挙管理委員会	解職について有権者の投票をおこない、過半数の賛成があれば解職する
おもな公務員の解職		首長	議会の採決にかけ、議員の 2/3 以上が出席し 3/4 以上の賛成があれば解職する

> **資料から読む!!**
> ・国政よりも地方のほうが、住民が直接政治に参加できるしくみになっている。

レベル **A** 問題演習

◆ 次の文章を読み、あとの各問いに答えなさい。

→ 解答は151ページ

　₁地方自治のしくみは地方自治法で定められ、国の国会に相当する議決機関と、内閣に相当する執行機関がありますが、　2　　に相当する司法機関はありません。

　議決機関として市町村議会と都道府県議会があります。これらの地方議会は、国会での両院制とはちがい、　3　　制です。議会は ₍A₎政令を制定または改廃したり、予算を決めたりします。

　執行機関には、その首長として、住民の直接選挙で選ばれる₄市町村長や都道府県知事がいます。首長のもとには補助機関として、市町村には副市町村長、都道府県には副知事がおかれています。

　また、₅地方公共団体にはさまざまな委員会がおかれ、行政の公正さをはかるために、首長とは独立して仕事をおこなっています。

　地方自治には、国の政治とちがい、₍B₎間接民主制のしくみも取り入れられています。これは、住民が自らの意見と責任で地方自治をおこなうという原則に立っているからです。住民は、必要な署名を集めることで、地方議会の解散、₆首長や議員などの解職を求めることができます。これらの権利を　7　　権といいます。

□**問1**　文章中の下線部1について、地方自治は、住民が身近な地域の政治に参加しながら、地方政治を理解することで、国の政治を理解できるとする考えから、「地方自治は（　　　　　）の学校である」ともいわれています。
　　　　（　　　　　）にあてはまる語句を答えなさい。

□**問2**　文章中の　2　・　3　にあてはまる語句をそれぞれ答えなさい。

□**問3**　文章中の下線部4について、市町村長と都道府県知事の任期と被選挙権の組み合わせとして正しいものを下から選び、それぞれ記号で答えなさい。
　　　ア　任期4年　被選挙権20歳以上　　　　**イ**　任期4年　被選挙権25歳以上
　　　ウ　任期4年　被選挙権30歳以上　　　　**エ**　任期6年　被選挙権20歳以上
　　　オ　任期6年　被選挙権25歳以上　　　　**カ**　任期6年　被選挙権30歳以上

□**問4**　文章中の下線部5について、このような委員会として正しくないものを下から選び、記号で答えなさい。
　　　ア　教育委員会　　　　　**イ**　選挙管理委員会　　　　　**ウ**　予算委員会

□**問5**　文章中の下線部6について、このことを何といいますか。カタカナ4字で答えなさい。

□**問6**　文章中の　7　にあてはまる権利を答えなさい。

□**問7**　文章中の下線部A・Bはまちがっています。A・Bをそれぞれ正しい語句に直しなさい。

 国の財政について、あとの各問いに答えなさい。

→ 解答は152ページ

Ⅰ　国の政治をすすめ、国民が快適な生活をおこなうための公共的な施設や設備を整えていくためにはお金が必要です。そのため、日本でくらしている人々や会社は、税金を国に納めます。次のグラフ１・２は戦前と現在の国に納められた税金のうちわけをしめしています。２つのグラフを見て、あとの各問いに答えなさい。

国税のうちわけの戦前と現在

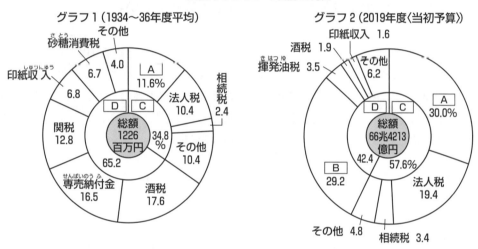

□問１　次のＡ・Ｂは、それぞれグラフ１・２中の　Ａ　・　Ｂ　の税の説明です。説明を参考にして、それぞれの税の種類を答えなさい。

Ａ　個人の収入に対してかかり、収入が多くなるにしたがって税率が高くなります。

Ｂ　国内での商品の売り上げなどにかかり、2019年10月から食料品など一部をのぞき10％の税率で課税されています。

問２　グラフ１・２中の　Ｃ　・　Ｄ　の税について、次の文を読み、(1)・(2)の問いに答えなさい。

> 戦前は、国税全体にしめる　Ｃ　の割合が　Ｄ　の割合よりも低くなっています。しかし、戦後は　Ｃ　の割合が　Ｄ　の割合よりも高くなりました。これは、戦前にくらべて戦後、（　　　　　　）ように税制が変わってきたことをしめしています。

レベル B 問題演習

□(1)　前の文中の ◻ C ◻・◻ D ◻ には、グラフ中の ◻ C ◻・◻ D ◻ と同じ種類の税があてはまります。それぞれの税の種類を答えなさい。

□(2)　前の文中の（　　　　　）にあてはまるものを下から選び、記号で答えなさい。

ア　収入の少ない人ほど税の負担が重くなる

イ　収入の少ない人からは少なく、収入の多い人からは多く税をとる

ウ　個人よりも会社などを中心に税をとる

Ⅱ　国民から集められた税金は、国民の代表者がその使いみちを決定します。その決定のしかたについて説明した次の文章を読み、あとの各問いに答えなさい。

> 国民から集めた税金をどのように使うかという予算案をまとめるのは内閣です。内閣の中でも、特に予算作成の仕事を中心となっておこなうのが経済財政諮問会議と（　１　）省です。内閣が閣議で決定した予算案は、まず国会の（　２　）で審議、議決され、その後（　３　）で審議、議決されて成立します。（　２　）と（　３　）で異なる議決がされたときは、（　２　）の議決が優先されます。

□**問3**　文章中の（　１　）〜（　３　）にあてはまる機関をそれぞれ答えなさい。

Ⅲ　国の歳出のうちわけは、国がどのような政治をおこなおうとしているかで変化します。次のグラフ3・4は、戦前と現在の歳出のうちわけをそれぞれしめしています。2つのグラフを見て、あとの各問いに答えなさい。

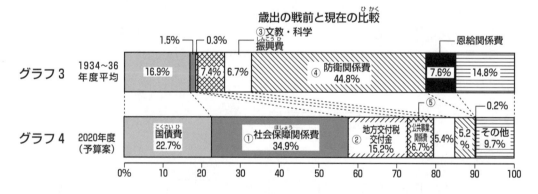

歳出の戦前と現在の比較

□**問4**　2020年度の歳出はおよそどれくらいですか。下から選び、記号で答えなさい。

ア　66兆円　　　　**イ**　76兆円　　　　**ウ**　86兆円　　　　**エ**　103兆円

問5 戦前と戦後では、日本の政治のあり方が大きくかわり、それにしたがって歳出のうちわけも変化しました。このことについて説明した次の文章を読み、(1)・(2)の問いに答えなさい。

　　戦前にくらべて、歳出にしめる　　A　　の割合は大きくへりました。これは、戦後、憲法の三原則に（　1　）が掲げられたことと関係があります。反対に　　B　　と　　C　　の割合は大きくふえました。　　B　　が大きくふえた背景には、やはり憲法の基本原則として（　2　）が掲げられ、憲法の第25条で国民が「健康で文化的な最低限度の生活」を営めるように国が努めなければならないことが定められていることと関係があります。また、　　C　　が大きくふえたことも、大日本帝国憲法では認められていなかった、住民が自分たちの住む地域を自ら治める（　3　）が日本国憲法で認められたことのあらわれといえます。

□(1)　文章中の　　A　　～　　C　　にあてはまる費用をグラフ中の①～⑤から選び、それぞれ番号で答えなさい。

□(2)　文章中の（　1　）～（　3　）にあてはまることばをそれぞれ答えなさい。

129

これだけはおさえておこう!! らくらくチェック**161**題

🐼 第1回　日本の国土

☐**1** 日本の国土面積はおよそ何万㎢ですか。

☐**2** 日本の国土のうち本州の面積はおよそ何%をしめていますか。

☐**3** 日本列島の南北の長さはおよそ何㎞ですか。

☐**4** 日本の島の数はおよそいくつですか。

☐**5** 日本の最東端の島を何といいますか。

☐**6** 日本の最南端である沖ノ鳥島が属する都道府県はどこですか。

☐**7** 日本で一番流域面積の広い川はどこですか。

☐**8** 太平洋岸の三陸海岸などで見られる出入りのはげしい海岸を何といいますか。

🐼 第2回　日本の農水産業

☐**9** 日本の8地方のうち米の生産量のもっとも多い地方はどこですか。

☐**10** 日本で生産量のもっとも多い果実は何ですか。

☐**11** 濃尾平野南部に見られる、集落のまわりを堤防でかこった地帯を何といいますか。

☐**12** 魚介類や海そうなどを人工的に育てて収穫することを何といいますか。

☐**13** 人工的に育てた稚魚を海などに放流し、大きくなったらとる漁業を何といいますか。

☐**14** 自国の沿岸から200カイリの、資源などを管理できる水域を何といいますか。

☐**15** どこの国の主権にも属さない海のことを何といいますか。

🐼 第3回　日本の工業

☐**16** 関東地方から九州地方まで帯状に連なる工業の発展した地域を何といいますか。

☐**17** 日本でもっとも生産額の多い工業地帯はどこですか。

☐**18** 埼玉県・栃木県・群馬県にまたがる工業地域はどこですか。

☐**19** 日本でもっとも早く発達した工業地帯はどこですか。

☐**20** 伝統的工芸品に指定された物につけられるマークを何といいますか。

☐ **21** 伝統的工芸品を指定する国の機関はどこですか。

☐ **22** 能登半島(のと)で製造される伝統的工芸品の漆器(しっき)を何といいますか。

☐ **23** 伊万里焼(いまりやき)や有田焼(ありたやき)の生産で知られる九州の県はどこですか。

☐ **24** 京都府でつくられる伝統的工芸品の焼物を何といいますか。

第4回　交通と貿易

☐ **25** 日本がもっとも石炭と鉄鉱石を輸入している国はどこですか。

☐ **26** 日本がもっともとうもろこしを輸入している国はどこですか。

☐ **27** 日本がもっとも衣類や野菜を輸入している国はどこですか。

☐ **28** 空港から輸出入されるものでもっとも取りあつかい額が多いのは何ですか。

☐ **29** 1965年度に旅客輸送量割合(わりあい)がもっとも高い交通機関は何ですか。

☐ **30** 2017年度に貨物輸送量割合がもっとも高い交通機関は何ですか。

第5回　公害と地球環境

☐ **31** 四大公害病の1つであるイタイイタイ病が発生したのはどこの川の流域(りゅういき)ですか。

☐ **32** 水俣病(みなまたびょう)を引きおこす原因となった物質は何ですか。

☐ **33** 四日市(よっかいち)ぜんそくを引きおこす原因となった物質は何ですか。

☐ **34** 二酸化炭素などの温室効果ガスの増加が原因といわれている環境(かんきょう)問題は何ですか。

☐ **35** オゾン層を破壊(はかい)する原因として世界的に使用が禁止された物質は何ですか。

☐ **36** 樹木(じゅもく)を枯(か)らしたり銅像などを侵食(しんしょく)したりする雨を何といいますか。

☐ **37** 屋久島(やく)や石見銀山(いわみ)など、大切な自然環境や文化財を守る条約を何といいますか。

☐ **38** 水鳥の生息地として重要な湿地(しっち)を守る条約を何といいますか。

第6回　原始時代

☐ **39** 石を打ちくだいてつくった石器を何といいますか。

- [ ] **40** 相沢忠洋が発見した旧石器時代の遺跡は何ですか。

- [ ] **41** 1万年前ごろから使われた黒かっ色で厚手の土器を何といいますか。

- [ ] **42** 縄文・弥生時代の人々が住んでいた家は何といいますか。

- [ ] **43** 紀元前400年ごろから使われた赤かっ色のうす手の土器を何といいますか。

- [ ] **44** 中国（漢）から授けられたとされる金印には何とありましたか。

- [ ] **45** 239年に中国（魏）に使いを送ったとされる人物はだれですか。

- [ ] **46** その人物が治めていたとされる国は何といいますか。

🐼 第7回　古墳・飛鳥時代（大和時代）

- [ ] **47** 日本最大の古墳を何といいますか。

- [ ] **48** 日本に仏教を伝えた朝鮮半島の国はどこですか。

- [ ] **49** 推古天皇の摂政となり冠位十二階や十七条の憲法を定めた人物はだれですか。

- [ ] **50** 607年に初めて遣隋使として派遣された人物はだれですか。

- [ ] **51** 645年に中大兄皇子と中臣鎌足が蘇我氏をたおして始めた政治改革を何といいますか。

- [ ] **52** 694年に持統天皇はどこに都を移しましたか。

- [ ] **53** 701年に刑部親王や藤原不比等らによってまとめられたきまりを何といいますか。

🐼 第8回　奈良時代

- [ ] **54** 710年に元明天皇はどこに都を移しましたか。

- [ ] **55** 712年に太安万侶らによってつくられた歴史書は何ですか。

- [ ] **56** 723年に出された土地の一部私有を認める法律は何ですか。

- [ ] **57** 717年に唐にわたり、「天の原 ふりさけみれば 春日なる 三笠の山に いでし月かも」の歌で知られる人物はだれですか。

- [ ] **58** 743年に出された永久的に土地の私有を認める法律は何ですか。

- [ ] **59** 754年に来日し唐招提寺をつくった僧はだれですか。

- [ ] **60** 聖武天皇の遺品などが収められた東大寺正倉院のつくりを何といいますか。

- [ ] **61** 8世紀につくられた日本最古の歌集は何ですか。

解答は153ページ

🐼 第9回　平安時代

- ☐ **62** 794年に桓武天皇はどこに都を移しましたか。
- ☐ **63** 797年に征夷大将軍に任命された人物はだれですか。
- ☐ **64** 894年に遣唐使停止を唱えた人物はだれですか。
- ☐ **65** 紫式部が書いた物語は何ですか。
- ☐ **66** 1016年に摂政になり、「この世をば わが世とぞ思う 望月の かけ たることも なしと思えば」の歌で知られる人物はだれですか。
- ☐ **67** 極楽浄土をつくろうとして藤原頼通が建てた建物は何ですか。
- ☐ **68** 1086年に白河上皇が始めた上皇中心の政治を何といいますか。
- ☐ **69** 1167年に武士で初めて太政大臣となった人物はだれですか。

🐼 第10回　鎌倉時代

- ☐ **70** 1192年に征夷大将軍になった人物はだれですか。
- ☐ **71** 幕府の実権をにぎった北条氏が代々ついた地位は何ですか。
- ☐ **72** 1221年に後鳥羽上皇がおこした乱を何といいますか。
- ☐ **73** 源頼朝の妻で尼将軍とよばれた人物はだれですか。
- ☐ **74** 浄土真宗を開いた僧はだれですか。
- ☐ **75** 1232年に北条泰時が制定した51か条の法律を何といいますか。
- ☐ **76** 文永の役と弘安の役をあわせて何とよびますか。
- ☐ **77** 1297年に出された、御家人の借金などを帳消しにする命令を何 といいますか。

🐼 第11回　室町時代

- ☐ **78** 1334年に後醍醐天皇が始めた政治を何といいますか。
- ☐ **79** 室町幕府を開いた初代将軍はだれですか。
- ☐ **80** 花の御所や鹿苑寺金閣をつくった3代将軍はだれですか。
- ☐ **81** 海賊と区別するために明との貿易で用いられていた割符を何と いいますか。
- ☐ **82** 明との貿易でもっとも多く輸入されていた物は何ですか。
- ☐ **83** 1428年に農民のおこした大規模な一揆を何といいますか。
- ☐ **84** 1467年に京都でおこった将軍の跡継ぎ争いなどをめぐる乱を何 といいますか。

☐ **85** 下位の者が上位の者を討ち取って成り上がることを何といいますか。

☐ **86** 慈照寺銀閣をつくったことで有名な8代将軍はだれですか。

🐼 第12回　戦国・安土桃山時代

☐ **87** 1543年にポルトガル人が漂着し鉄砲を伝えた島はどこですか。

☐ **88** 1549年に鹿児島に来航しキリスト教を伝えたのはだれですか。

☐ **89** 1560年に織田信長が今川義元の軍勢をたおした戦いを何といいますか。

☐ **90** 1573年に織田信長によって追放された室町幕府最後の将軍はだれですか。

☐ **91** 1575年におこった、織田信長が武田勝頼の騎馬軍団をたおした戦いを何といいますか。

☐ **92** 1576年に織田信長が現在の滋賀県に築いた城は何ですか。

☐ **93** 豊臣秀吉によっておこなわれた全国統一の基準による石高の調査を何といいますか。

☐ **94** 1588年に兵農分離を目的としておこなわれた、農民などから武器を取り上げる政策を何といいますか。

☐ **95** 1600年に徳川家康の東軍と石田三成らの西軍が戦った、天下分け目の戦いを何といいますか。

🐼 第13回　江戸時代Ⅰ

☐ **96** 1603年に征夷大将軍となり、江戸幕府を開いたのはだれですか。

☐ **97** 1615年に豊臣氏が滅びた戦いを何といいますか。

☐ **98** 1615年に初めて発布された、大名を統制するためのきまりを何といいますか。

☐ **99** 1615年に出された天皇や公家を統制するためのきまりを何といいますか。

☐ **100** 1623年に3代将軍となった人物はだれですか。

☐ **101** 大名が1年おきに江戸と国元に滞在することを定めた制度を何といいますか。

☐ **102** 1637年におこった天草四郎を中心としたキリスト教徒による反乱を何といいますか。

□ **103** 1639年にポルトガル船の来航を禁止して完成した、海外との交流を制限する政策を何といいますか。

□ **104** 徳川綱吉によって出された、動物の殺生を禁じたきまりを何といいますか。

🐼 第14回　江戸時代Ⅱ

□ **105** 徳川吉宗がおこなった改革を何といいますか。

□ **106** 寛政の改革をおこなった老中はだれですか。

□ **107** 朱子学以外の学問を禁じた政策を何といいますか。

□ **108** 1837年に大阪でおこった幕府への反乱を何といいますか。

□ **109** 老中の水野忠邦がおこなった改革を何といいますか。

□ **110** 1853年に浦賀に来航し、開国を要求したアメリカ人はだれですか。

□ **111** 1854年に日本とアメリカの間で結ばれた条約は何ですか。

□ **112** 1858年に日本とアメリカの間で結ばれた条約は何ですか。

□ **113** 1867年徳川慶喜が政権を朝廷に返したことを何といいますか。

🐼 第15回　明治時代

□ **114** 1868年に出された明治政府の方針をしめしたきまりは何ですか。

□ **115** 1869年におこなわれた、大名に土地と人民を天皇に返させる命令を何といいますか。

□ **116** 1871年におこなわれた、藩を廃止して府や県を置く制度は何ですか。

□ **117** 1877年に西郷隆盛がおこした政府に対する反乱は何ですか。

□ **118** 1885年に初代内閣総理大臣に就任したのはだれですか。

□ **119** 1889年2月11日に発布された日本初の憲法を何といいますか。

□ **120** 1890年に第一回が開かれた議会を何といいますか。

□ **121** 1894年の陸奥宗光による条約改正で撤廃されたのは何ですか。

□ **122** 1894年におこった日本と中国との戦争を何といいますか。

□ **123** 1904年におこった日本とロシアとの戦争を何といいますか。

🐼 第16回　大正・昭和時代（戦前）

□ **124** 1914年に始まったヨーロッパを中心とした世界的な戦争を何といいますか。

□ **125** 1918年に富山県の主婦達から始まり、日本全国へ広がった米屋をおそう暴動(ぼうどう)を何といいますか。

□ **126** 1918年の暴動ののちに成立した、日本初の本格的な政党内閣(せいとうないかく)の総理大臣となった人物はだれですか。

□ **127** 1919年にパリで結ばれた講和条約を何といいますか。

□ **128** 1920年にアメリカ大統領ウィルソンの提案によって設立された国際機構は何ですか。

□ **129** 1931年の柳 条湖(りゅうじょうこ)事件を口実に、日本が中国東北部を占 領(せんりょう)したできごとを何といいますか。

□ **130** 1932年に五・一五事件で暗殺された総理大臣はだれですか。

□ **131** 1937年に始まった日本と中国との戦争を何といいますか。

□ **132** 1941年に日本軍によるハワイの真珠湾攻撃(しんじゅわんこうげき)によって始まった戦争を何といいますか。

□ **133** 1945年に日本が受諾(じゅだく)し無条件降伏(こうふく)した宣言(せんげん)を何といいますか。

🐼 第17回　昭和時代(戦後)

□ **134** 1946年に公布された現行の憲法(けんぽう)を何といいますか。

□ **135** 1951年にアメリカ合 衆 国(がっしゅうこく)において調印された講和条約を何といいますか。

□ **136** 1951年に初めて結ばれ、日本に米軍が駐 留(ちゅうりゅう)する根拠(こんきょ)となっている条約を何といいますか。

□ **137** 1956年に日本が加盟(かめい)することを許された国際機構は何ですか。

□ **138** 1972年に日本に返還(へんかん)されたのはどこですか。

□ **139** 1973年の第四次中東戦争によっておきた世界的な原油価格の急騰(きゅうとう)を何といいますか。

□ **140** 1989年に導入された物品の購 入(こうにゅう)に対してかかる税は何ですか。

🐼 第18回　日本国憲法

□ **141** 大日本帝国憲法(ていこくけんぽう)で主権(しゅけん)はだれにありましたか。

□ **142** 日本国憲法で主権はだれにありますか。

□ **143** 日本国憲法では天皇(てんのう)は何であるとされていますか。

□ **144** 大日本帝国憲法にあって日本国憲法にない義務は何ですか。

☐**145** 日本国憲法の三大原則は国民主権・基本的人権の尊重(そんちょう)と何ですか。

☐**146** 基本的人権のうち「健康で文化的な最低限度の生活を営む」権利を何といいますか。

☐**147** 選挙に立候補する権利や選挙に投票する権利などをあわせて何といいますか。

☐**148** 社会保障制度のしくみのうち体の不自由な人々やお年よりの生活を助けるしくみを何といいますか。

🐼 第19回　三権分立

☐**149** 衆議院(しゅうぎいん)の定数は何人ですか。

☐**150** 参議院の任期は何年ですか。

☐**151** 「国権(こっけん)の最高機関」であり、唯一(ゆいいつ)の立法機関とされるのはどこですか。

☐**152** 三権のうち行政権を受けもっている機関はどこですか。

☐**153** 三権のうち司法権を受けもっている機関はどこですか。

☐**154** 裁判所が国会に対してもつ、法律(ほうりつ)が憲法に違反(いはん)していないかを審査(しんさ)する権利を何といいますか。

☐**155** 国民が最高裁判所の裁判官をやめさせるかどうか審査する制度を何といいますか。

🐼 第20回　予算・地方自治

☐**156** 国の1年間の収入(しゅうにゅう)・支出のことをそれぞれ何といいますか。

☐**157** 1930年代の国の支出の中でもっとも大きな割合(わりあい)をしめているものは何ですか。

☐**158** 必要な数の署名(しょめい)を集めることで住民が地方議会の解散や条例の制定などを求めることのできる権利(けんり)を何といいますか。

☐**159** 住民が地方公共団体の首長や地方議会の議員などの解職を請求(せいきゅう)できる制度を何といいますか。カタカナで答えなさい。

☐**160** 所得税や法人税などのように、税を負担(ふたん)する人と納付(のうふ)する人が同じ税を何といいますか。

☐**161** 消費税やたばこ税などのように、負担する人と納付する人がちがう税を何といいますか。

第1回　日本の国土

レベルA

◆ 問題は**7〜9**ページ

問1　あユーラシア（アジア）　おロシア連邦　　**問2**　い3000　う7000　　**問3**　ウ

問4　(1)Aウ　Bエ　Cイ　Dア　(2)イ・ウ　　**問5**　(1)A対馬海流　B千島海流

C日本海流　①親潮　②黒潮　(2)リマン海流　　**問6**　Aア　Bエ　Cイ　Dオ

Eウ　　**問7**　(1)赤道　(2)明石　(3)ウ　　**問8**　イ

解説　**問4**　(2)　エの与那国島は沖縄県に属している。

　　　　問6　Aは根室、Bは高松、Cは新潟、Dは高知、Eは長野の気候の説明である。

　　　　問7　(3)　四大島は、だいたい北緯30度〜45度、東経130度〜145度の間に収まっている。

　　　　問8　得撫島は択捉島の北東にある島である。

◆ 問題は**10〜12**ページ

レベルB

問1　(1)あイ　かキ　きオ　(2)イタイイタイ（病）　(3)エ　(4)香川（用水）　(5)おウ

くエ　(6)クリーク　　**問2**　(1)①仙台平野　②富山平野　③庄内平野　⑥越後平野

(2)四万十川　(3)ウ　(4)扇状地　(5)有明海　　**問3**　A北上川・イ　C最上川・ウ

E天竜川・オ　I筑後川・ケ　　**問4**　アC・G　イイ　ウB・C・F　エC

解説　Aは北上川、Bは神通川、Cは最上川、Dは吉野川、Eは天竜川、Fは信濃

　　　　川、Gは富士川、Hは淀川、Iは筑後川について説明した文である。

　　　　問1　(1)　アの上川盆地は北海道、イの北上盆地は岩手県、ウの松本盆地は長

　　　　　　　　野県、オの甲府盆地は山梨県、カの近江盆地は滋賀県にある。

　　　　　　　(5)　アの浜名湖は静岡県、イの十和田湖は青森県と秋田県の県境付近、

　　　　　　　　ウの諏訪湖は長野県、エの琵琶湖は滋賀県、オのサロマ湖は北海道、

　　　　　　　　カの宍道湖は島根県にある。

第2回　日本の農水産業

レベルA

◆ 問題は**14・15**ページ

問1　弥生（時代）　　**問2**　Bエ　Cウ　　**問3**　夏に気温が高く、降水量が多い

問4　ウ　　**問5**　(1)aウ　bオ　cア　dエ　eイ　(2)あウ　いイ　うア　(3)ア東

北（地方）　イ北陸（地方）　ウ新潟（県）　エ秋田（県）　　**問6**　エ

解説　**問2**　北海道で本格的に稲作がおこなわれるようになったのは、明治時代になってからである。

138

<table>
<tr><td>レベル A</td><td>問3　日本の夏は熱帯なみに気温が高くなり、また、稲作には大量に水が必要なため、日本の夏の「高温多雨」が稲作に都合がよい。</td></tr>
</table>

◆ 問題は**16・17**ページ

<table>
<tr><td>レベル B</td><td>問1　①ウ　②ア　　問2　(1)Aカ　Bエ　Cオ　Dア　　あ陸奥(湾)　い浜名(湖)う志摩(半島)　(2)栽培(漁業)　(3)赤潮　　問3　(1)ウ　(2)えび　(3)エ　　問4　イ</td></tr>
</table>

解説　問1　②の流し網漁とは、長い網を漁場に設置し、泳いでくる魚を網目にからませてとる漁法である。

問3　(3)　えびは、ベトナムやインドネシアなど、東南アジアの国から多く輸入している。

問4　マングローブは、熱帯地方の海岸近くに生育する水陸両生の樹木で、これが伐採されて大量の土砂が海に流れこむなど、海のよごれが問題となった。

第3回　日本の工業

◆ 問題は**19〜22**ページ

<table>
<tr><td>レベル A</td><td>問1　Ⅰオ　Ⅱイ　Ⅲエ　Ⅳア　　問2　(1)ⅡB　ⅢC　　(2)①ア4　イ2　②a豊田　b神戸　　問3　(1)イ　(2)①aウ　bオ　②c6　d5
問4 Ⅰ①　Ⅱ③　Ⅲ⑤　Ⅳ④　E⑥</td></tr>
</table>

解説　帯グラフ中のⅠは京浜工業地帯、Ⅱは中京工業地帯、Ⅲは阪神工業地帯、Ⅳは北九州工業地帯をあらわしている。

問1　ウは東海工業地域、カは瀬戸内工業地域の説明である。

問3　(2)　①　アの秩父はセメント工業がさかんな埼玉県の都市、イの太田は自動車工業がさかんな群馬県の都市、エの横須賀は自動車工業がさかんな神奈川県の都市である。

問4　②は瀬戸内工業地域をあらわしている。京葉工業地域は、化学工業の割合が大きいのが特色である。

◆ 問題は**23〜25**ページ

<table>
<tr><td>レベル B</td><td>問1　1ア　2オ　3ウ　4エ　　問2　（IC）エ　（自動車）イ　　問3　(1)イ
(2)い　(3)A川崎　B倉敷　(4)C呉・ソ　D室蘭・ア　(5)E四日市・ケ　F市原・オ</td></tr>
</table>

解説　問2　アは製紙・パルプ工場、ウはセメント工場の分布をしめしている。

問3　(1)　イは日本の木材の輸入相手国をあらわしている。

第4回　交通と貿易

◆ 問題は27～29ページ

レベルA

問1 （東京港）③　（名古屋港）①　（横浜港）⑤　**問2** ④　**問3** ①ア　③ウ ④エ　**問4** (1)（自動車）イ　（集積回路）ウ　(2)（原油）ア　（衣類）ウ　（魚介類） エ　（肉類）イ　**問5** カ　**問6** 自動車

解説　①は輸出品に自動車や自動車部品が多いので名古屋港、②は輸出入品に集積 回路が多くて貿易額も多いので成田国際空港、③は輸入品に魚介類や肉類が多 いので東京港、④は織物類の輸出や衣類の輸入が多いので神戸港、⑤は自動車 の輸出や石油の輸入が多いので横浜港、⑥は輸出入品に集積回路が多く、②ほ ど貿易額が多くないので関西国際空港だと判断する。

◆ 問題は30～32ページ

レベルB

問1 (1)（鉄道）A　（自動車）B　（船）C　（航空機）D　(2)①ア　②ウ　③イ　**問 2** (1)新橋と横浜　(2)ア・ウ　**問3** ア・ウ　**問4** イ　**問5** エ　**問6** 小 さくて軽いわりにねだんが高いので、輸送費がかかっても採算が取れるから。

解説　**問1**　(2)　表中のⅠは航空機、Ⅱは自動車、Ⅲは鉄道、Ⅳは船をあらわしている。 **問6**　半導体が「小さい」「軽い」「高い」という点が書けているかがポイントで ある。輸送費の高い航空機で運んでも、半導体なら一度に大量に運べるの で、製品1個あたりの輸送費は安くなる。

第5回　公害と地球環境

◆ 問題は34～36ページ

レベルA

問1 あ足尾（銅山）　い田中正造　**問2** 高度経済成長期　**問3** (1)アC　イ E　ウA　(2)A有機水銀　B亜硫酸ガス　Cカドミウム　(3)ヘドロ　**問4** 3公害 対策基本法　4環境庁　**問5** (1)光化学スモッグ　(2)エ　**問6** (1)（一般廃棄 物）エ　（産業廃棄物）ア　(2)Aウ・キ　Bア・ク　(3)リサイクル・エコマーク　**問 7**　環境基本法

解説　**問3**　地図のAは水俣病が発生した熊本県水俣市、Bは四日市ぜんそくが発生 した三重県四日市市、Cはイタイイタイ病が発生した富山県神通川流域、 Dはヘドロ公害が発生した静岡県富士市の田子ノ浦、Eは第二水俣病が発 生した新潟県阿賀野川流域をしめしている。 **問6**　(2)　工業や農業などの産業活動にともなって発生するごみを産業廃棄物

レベル A

レベル B

といい、産業廃棄物の中でも、汚泥（よごれた泥）・動物のふん尿・がれき類などの排出量が多い。

◆ 問題は**37・38**ページ

問1 ウ・京都　　**問2** かけがえのない地球　　**問3** ユネップ　　**問4** か白神（山地）き屋久（島）　　**問5** 地球サミット　　**問6** ラムサール条約　　**問7** (1) ウ　(2)ウ

解説 **問4** 2020年7月現在、日本には4件の自然遺産（白神山地、屋久島、知床、小笠原諸島）と19件の文化遺産（法隆寺地域の仏教建造物、姫路城、古都京都の文化財、白川郷・五箇山の合掌造り集落、原爆ドーム、厳島神社、古都奈良の文化財、日光の社寺、琉球王国のグスク（城）及び関連遺産群、紀伊山地の霊場と参詣道、石見銀山遺跡とその文化的景観、平泉—仏国土（浄土）を表す建築・庭園及び考古学的遺跡群、富士山—信仰の対象と芸術の源泉、富岡製糸場と絹産業遺産群、明治日本の産業革命遺産 製鉄・製鋼、造船、石炭産業、国立西洋美術館（「ル・コルビュジエの建築作品—近代建築運動への顕著な貢献」の構成遺産のひとつ）、「神宿る島」宗像・沖ノ島と関連遺産群、長崎と天草地方の潜伏キリシタン関連遺産、百舌鳥・古市古墳群 —古代日本の墳墓群—）がある。

問7 (1) 京都議定書では、先進国全体で二酸化炭素の排出量を、2008〜2012年の間に1990年時点から5.2%へらすことが目標とされ、ＥＵ（ヨーロッパ連合）は8％、日本は6％の削減を求められていた。2015年には、京都議定書にかわる新たな枠組みとして、パリ協定が採択された。

第6回　原始時代

◆ 問題は**40・41**ページ

レベル A

問1 1打製（石器）　2縄文（時代）　4磨製（石器）　　**問2** 竪穴（式）住居　　**問3** イ　　**問4** ア・イ・エ　　**問5** 8鉄（器）　9青銅（器）　　**問6** ①B・三内丸山遺跡　②C・登呂遺跡　③C・吉野ヶ里遺跡　④A・野尻湖遺跡　(2)ウ

解説 **問4** 黒っぽい色をしていて厚手なのは、縄文土器の特徴である。弥生土器は赤っぽい色をしていてうす手だがかたい。

問6 (2) 現在の海から遠くはなれた内陸部にも貝塚があるということは、縄文時代は今よりも内陸の場所が海岸線だったということになる。今から約1万年前に氷河期が終わったが、そのとき海面の上昇がどんどん

レベル A

すすんで5000年前ごろに最高に達し、その後気候が冷涼化（れいりょうか）して海岸線が後退していったと考えられている。

レベル B

◆ 問題は **42・43** ページ

問1　A群馬（ぐんま）（県）　B野尻（のじり）（湖）　Cナウマン（ゾウ）　　問2　エドワード・モース

問3　ア　　問4　関東ローム層　　問5　石包丁（いしぼうちょう）・ウ　　問6　ウ　　問7　ウ

問8　①岩宿遺跡（いわじゅくいせき）　③大森貝塚（おおもりかいづか）　⑤登呂遺跡（とろ）

解説　問5　弥生時代（やよい）の稲作（いなさく）では、稲の生長がふぞろいだったので、実った稲を選別して石包丁（ほさき）で穂先だけを刈り取った（か）。

　　　問8　②は野尻湖遺跡、④は鳥浜貝塚（とりはま）、⑥は吉野ヶ里遺跡（よしのがり）についてのべている。

第7回　古墳・飛鳥時代（大和時代）

レベル A

◆ 問題は **45〜47** ページ

問1　(1)奈良県（なら）　(2)大王　(3)イ　(4)イ　　問2　(1)イ　(2)前方後円墳（ぜんぽうこうえんふん）　　問3　(1)推古（すい）（こ）（天皇）（てんのう）　(2)ウ　(3)イ　(4)①十七条の憲法（けんぽう）　②ア　(5)①法隆寺（ほうりゅうじ）　②イ

解説　問3　(4)　十七条の憲法は、役人の守るべき心がまえを記したものである。政治のしくみや国民の権利（けんり）について定めた日本国憲法とは性質が異なっている（こと）。

　　　(5)　法隆寺（ほうりゅうじ）に見られるエンタシスの柱や唐草文様（からくさもんよう）の彫刻（ちょうこく）は、当時ヨーロッパと国交があった隋（ずい）から日本に伝わったものである。

レベル B

◆ 問題は **48・49** ページ

問1　1中大兄皇子（なかのおおえのおうじ）　2唐（とう）　　問2　大化の改新（たいか）　　問3　（蘇我）入鹿（そがのいるか）　　問4　(1)公地公民・イ　(2)さきもり・ア　(3)イ　(4)ウ　　問5　(1)あ天智（てんじ）（天皇）（てんのう）　い天武（てんむ）（天皇）　(2)壬申の乱（じんしんのらん）

解説　問1　2　中国では618年に隋（ずい）が滅んで（ほろ）唐がおこった。

　　　問4　(4)　新しい税には、租・庸・調のほかに、労働をおこなう雑徭（ぞうよう）や衛士（えじ）・防人（さきもり）などの兵役（へいえき）もあった。

第8回　奈良時代

レベル A

◆ 問題は **51〜54** ページ

問1　(1)平城京（へいじょうきょう）　(2)イ　(3)和同開珎（わどうかいちん）　　問2　(1)大宝律令（たいほうりつりょう）　(2)ア　　問3　(1)①口分田（くぶんでん）　②6（年）　③租（そ）　(2)①イ　②木簡（もっかん）　③ウ　　問4　(1)ア　(2)①墾田永年私（こんでんえいねんし）

財法 ②公地公民 (3)イ　**問5** (1)あ聖武(天皇)　い国分寺　う東大寺　(2)行基
(3)イ

解説　**問2**　(2)　国司には都の貴族が、郡司には地方の豪族が任命された。

　　　　問3　(2)　租は国司に納めたが、庸と調は農民が自分で都まで運ばなければな
らなかった。ほかにも農民は雑徭（国司や郡司の命令で60日以内の労
働をおこなう）、防人、衛士（都の警備をおこなう）などの任務を負わ
され、大きな負担となっていた。

◆ 問題は**55〜57**ページ

問1　(1)ウ　(2)①唐・長安　②新羅　③イ　(3)鑑真・唐招提寺　**問2** 天平文化
問3　(1)校倉造・ア　(2)①聖武天皇　②ウ　**問4**　(1)漢字　(2)Aイ　Bウ

解説　**問1**　(2)　中国では隋が滅んで唐となったが、日本は引き続き、中国のすすん
だ文化などを取り入れるために、遣唐使を送った。朝鮮半島では、唐
と同盟を結んだ新羅が660年に百済を、668年に高句麗を滅ぼして朝鮮
半島を統一した。

　　　　問3　東大寺にある正倉院は、聖武天皇の遺品が収められている建物である。

　　　　問4　奈良時代には『古事記』『日本書紀』『風土記』『万葉集』などの書物が
つくられた。『古事記』は、天武天皇の命令で、稗田阿礼が暗誦していたも
のを太安万侶が編さんした歴史書で、712年に完成した。

第9回　平安時代

◆ 問題は**59〜61**ページ

問1　ウ　**問2**　A桓武(天皇)　B平安京　**問3**　ウ　**問4**　(1)ア・エ　(2)
1最澄　2空海　(3)①えぞ　②坂上田村麻呂　**問5**　(1)墾田永年私財法　(2)公地
公民　**問6**　2不輸の権　3不入の権　**問7**　ア　**問8**　摂関政治　**問9**
(1)①藤原道長　②イ　(2)平等院鳳凰堂

解説　**問4**　桓武天皇は律令政治を立て直すために、班田の期間を6年から12年にし
て確実におこなわれるようにしたり、農民を兵士にすることをやめて負担
を軽くしたりした。また、朝廷に反発していた東北地方の人々（蝦夷）を
坂上田村麻呂に討たせた。

　　　　問7　中臣鎌足は、天智天皇から「藤原」という姓を賜った。

　　　　問8　天皇が幼いとき、または女性のときに天皇の代わりに政治をする役職を
摂政、天皇が成人のときに天皇の代わりに政治をする役職を関白という。

問題は**62〜64**ページ

レベルB

問1 平将門（たいらのまさかど）　**問2** ア　**問3** ア　**問4** ウ　**問5** 源頼朝（みなもとのよりとも）　**問6** 山口県　**問7** 平清盛　**問8** (1)院政 (2)白河上皇（しらかわじょうこう）　**問9** (1)宋（そう） (2)イ (3)ウ　**問10** A→B→D→C

解説　**問3**　前九年（ぜんくねん）・後三年合戦（ごさんねんかっせん）は、11世紀後半に東北地方でおこった豪族（ごうぞく）の争いを、源氏がしずめたできごとである。承平・天慶の乱（じょうへい・てんぎょうのらん）は、10世紀前半におこった平将門の乱と藤原純友（ふじわらのすみとも）の乱をあわせたよび名である。保元・平治の乱（ほうげん・へいじ）は、12世紀後半に京都でおこった内乱である。

問4　平泉（ひらいずみ）は現在の岩手県にある。2011年に世界遺産に登録された。

問9　平清盛は大輪田泊（おおわだのとまり）（兵庫港）（ひょうご）を整備して日宋貿易をおこない、宋銭を輸入して大きな収入を得た。現在の広島県にある厳島神社（いつくしま）は、平氏にとって航海の守り神とされた。

第10回　鎌倉時代

問題は**66〜68**ページ

レベルA

問1 源頼朝（みなもとのよりとも）　**問2** 2侍所（さむらいどころ） 3問注所（もんちゅうじょ） 4守護・イ（しゅご） 5地頭・エ（じとう）　**問3** 1192（年）　**問4** (1)ウ (2)ウ　**問5** (1)奉公（ほうこう） (2)所　**問6** 御恩（ごおん）　**問7** 封建制度（ほうけんせいど）　**問8** 執権（しっけん）　**問9** (1)承久の乱（じょうきゅうのらん） (2)北条政子（ほうじょうまさこ） (3)エ　**問10** (1)北条泰時（やすとき） (2)御成敗式目（ごせいばいしきもく）（貞永式目）（じょうえい）

解説　**問4**　(2)　鎌倉（かまくら）は、一方を海、三方を山に囲まれて、守りやすい地形である。

問5〜問7　源頼朝は、御家人（ごけにん）に対して先祖から伝わった領地や新たな領地を認め（みと）、守護や地頭に任命した。そのかわり御家人は、戦いがおこれば一族を率いてかけつけた。このような関係を「御恩と奉公」といい、「御恩と奉公」のように土地を仲立ちとした主従関係（しゅじゅう）を封建制度（ほうけん）という。

問題は**69・70**ページ

レベルB

問1 1エ 2イ　**問2** (1)フビライ・ハン (2)宋・イ（そう）　**問3** (1)北条時宗（ほうじょうときむね） (2)元寇（げんこう） (3)ウ　**問4** (1)ウ (2)徳政令 (3)後醍醐（ごだいご）（天皇）（てんのう）

解説　**問1**　13世紀になると、遊牧民のモンゴル民族を統一したチンギス・ハンは中央アジアを統一し、その子孫は東ヨーロッパまで進出し、広大な帝国（ていこく）を築き上げた。

問3　(2)　1274年の元の1度目の来襲（らいしゅう）を文永の役（ぶんえい・えき）、1281年の2度目の来襲を弘安の役（こうあん）といい、2度の元の来襲を元寇（げんこう）という。

第11回　室町時代

レベル A

○ 問題は**72・73**ページ

問1　1 イ　2 エ　3 オ　4 ウ　　**問2**　(1)花の御所　(2)勘合　(3)ア・カ　　**問3**
(1)正長の土一揆　(2)エ　　**問4**　(1)ア　(2)ウ　(3)下剋上

解説　**問2**　(2)(3)　日本と中国（明）との間でおこなわれた貿易では、倭寇と正式な貿
易船を区別するために、勘合とよばれる合い札が使われた。この勘合
貿易（日明貿易）は、3代将軍足利義満が倭寇を取りしまることと中国
の臣下になることを条件としておこなわれた。

　　　　　問3　(2)　寄合とは、このころ農村でしだいに発達してきた会議のことで、草
を刈る野山やかんがい用水の利用方法、その他重要なことを話し合っ
た。

レベル B

◆ 問題は**74・75**ページ

問1　(1)ア　(2)イ　(3)1 座　2 問丸　3 定期市　　**問2**　(1)足利義満　(2)イ　(3)足利
義政　(4)書院造　(5)水墨画・雪舟　(6)御伽草子・ウ

解説　**問1**　(1)　二毛作が始められたのは鎌倉時代である。
　　　　　　　　(2)　宇治の特産物は茶、瀬戸内海の特産物は塩、甲斐の特産物はぶどう
である。
　　　　　問2　(1)(3)　写真1は金閣、写真3は銀閣である。
　　　　　　　　(6)　かぐや姫は、平安時代に書かれた竹取物語にえがかれている。

第12回　戦国・安土桃山時代

レベル A

○ 問題は**77〜79**ページ

問1　a エ　b イ　c ウ　d オ　　**問2**　A 5　C 6　　**問3**　足利義昭　　**問4**
(1)ア楽市楽座　イ延暦寺　ウ堺　エ キリスト教　(2)2　(3)明智光秀　　**問5**　大阪
問6　イ　　**問7**　(1)①太閤検地　②エ　③ねんぐ　(2)①刀狩　②一揆

解説　**問2**　Aは桶狭間の戦い、Cは長篠の戦いである。この2つの戦いは、どちら
も現在の愛知県でおこなわれた。
　　　　　問4　(1)　ア織田信長は、通行税を取っていた関所を廃止して各地から商人や
職人を集めて自由に営業させ、それまで寺社や公家の保護を受けてい
た商工業者から、市や座の特権を取り上げた。

◆ 問題は**80～82**ページ

レベル
B

問1 (1)1543年・種子島〈たねがしま〉 (2)オ (3)鉄砲〈てっぽう〉 　問2 (1)織田信長〈おだのぶなが〉 (2)長篠の戦い〈ながしの〉 (3)ウ

問3 (1)ザビエル（フランシスコ・ザビエル）・エ (2)ウ 　問4 豊臣秀吉〈とよとみひでよし〉 　問5

(1)茶の湯（茶道） (2)ア 　問6 朱印船貿易〈しゅいんせん〉 　問7 イ

解説 問1 (2) アはイギリス、イはイタリア、ウはフランス、エはスペイン、オは
ポルトガルである。

問2 (3) 戦いに鉄砲が使われるようになってから、刀や弓や槍〈やり〉で戦う一騎打〈いっき〉
ちの戦法が衰えて〈おとろ〉、鉄砲隊による集団戦法になった。また、城のつく
りも、山城〈やまじろ〉から平城〈ひらじろ〉にかわった。

問7 イの金閣〈きんかく〉は室町時代〈むろまち〉の文化を代表するものである。

第13回　江戸時代 I

◈ 問題は**84・85**ページ

レベル
A

問1 (1)関ヶ原（の戦い）〈せきがはら〉 (2)石田三成〈いしだみつなり〉 　問2 征夷大将軍〈せいいたいしょうぐん〉 　問3 (1)①親藩〈しんぱん〉
②譜代大名〈ふだい〉 ③外様大名〈とざま〉 (2)エ (3)幕藩体制〈ばくはん〉 　問4 イ 　問5 (1)武家諸法度〈ぶけしょはっと〉
(2)参勤交代〈さんきん〉

解説 問3 (2) 関東や東海、近畿〈きんき〉などの要地には親藩や譜代大名を置き、外様大名
は九州や四国、東北などの江戸〈えど〉から遠い所に置いた。アの御三家〈ごさんけ〉は、
尾張〈おわり〉・紀伊〈きい〉・水戸〈みと〉である。ウについて、仙台〈せんだい〉の大名は伊達〈だて〉氏、鹿児島
の大名は島津〈しまづ〉氏である。

◆ 問題は**86～88**ページ

レベル
B

問1 A琉球〈りゅうきゅう〉 Bポルトガル C出島〈しま〉 D清（中国）〈しん〉 　問2 (1)朱印船貿易〈しゅいんせん〉 (2)日
本町（日本人町）〈まち〉 (3)ア 　問3 (1)朝鮮侵略（朝鮮出兵）〈ちょうせんしんりゃく〉 (2)ア (3)朝鮮通信使

問4 イ 　問5 ウ 　問6 (1)島原・天草一揆（島原の乱）〈しまばら〉〈あまくさいっき〉〈らん〉 (2)天草四郎〈あまくさしろう〉 (3)ウ

問7 (1)絵踏（踏絵）〈えふみ〉 (2)寺請制度〈てらうけ〉 　問8 ア

解説 問2 豊臣秀吉〈とよとみひでよし〉がおこなっていた朱印船貿易を徳川家康〈とくがわいえやす〉が引き継いだため、江
戸〈えど〉時代初期には多くの日本人が海外へ出かけ、東南アジア各地に住みつい
て日本町をつくった。

問3 豊臣秀吉の朝鮮侵略以来、朝鮮とは国交がとだえていたが、朝鮮との外
交を任された対馬〈つしま〉の宗〈そう〉氏の努力により、国交が回復した。そして将軍〈しょうぐん〉の代
がかわるごとに、朝鮮からは祝いの使節である朝鮮通信使が来日した。

問4 イギリス人のウィリアム・アダムズとオランダ人のヤン・ヨーステン

レベル
B

は、1600年にオランダ船リーフデ号に乗って豊後(大分)に漂着し、その後江戸幕府の外交顧問となった。

第14回　江戸時代Ⅱ

◆ 問題は**90・91**ページ

レベル
A

問1　(1)1 百姓(一揆)　2 土(一揆)　(2)打ちこわし　(3)A　　問2　(1)3 カ　4 さつまいも　5 エ　(2)ア・ウ　　問3　(1)ウ　(2)ウ　(3)6 ウ　7 ア　　問4　(1)大塩平八郎　(2)ア

解説　問2　(2)　伊能忠敬は測量術を学び、日本地図をつくった。医者の杉田玄白は、オランダ語の解剖書を翻訳し、『解体新書』を出版した。

　　　問3　(3)　寛政の改革をおこなった松平定信は帰農令を、天保の改革をおこなった水野忠邦は人返しの法によって、都市に流入した農民を農村に帰らせ、荒廃した農村を立て直そうとしたが、あまり効果はあがらなかった。

◆ 問題は**92～94**ページ

レベル
B

問1　日米和親条約・ペリー　　問2　イ　　問3　エ　　問4　日米修好通商条約・井伊直弼　　問5　イ　　問6　B オ　C イ　　問7　(1)関税自主権　(2)治外法権　　問8　A ア　B イ　C オ　　問9　A 坂本竜馬・イ　B 西郷隆盛・ア

解説　問1　日米和親条約が結ばれる前年、ペリーは浦賀に来航し、日本に開国を要求した。

　　　問2　19世紀の中ごろ、アメリカは太平洋でさかんに捕鯨をおこなっていた。そのため、日本に食料や燃料の補給を求めるようになった。

　　　問5　安政の大獄の翌年に井伊直弼は暗殺された。この事件を桜田門外の変という。

　　　問9　ウは長州藩の高杉晋作についての説明である。

第15回　明治時代

◆ 問題は**96～98**ページ

レベル
A

問1　①大政奉還　②明治維新　　問2　(1)エ　(2)ウ　　問3　(1)版籍奉還　(2)廃藩置県　　問4　四民平等　　問5　地租改正　　問6　富岡製糸場　　問7　文明開化　　問8　藩閥政治　　問9　(1)イ　(2)自由民権運動　　問10　西南戦争　　問11

147

レベルA

(1)自由党 (2)立憲改進党　**問12** エ　**問13** ウ

解説 **問2** (2) キリスト教については五枚の立て札でも禁止されていたが、諸外国から非難され、1873年に解禁となった。

問5 政府は土地のねだんを定め、地価の３％を土地の所有者から現金で納めさせるようにした。これによって政府の収入は安定したが、農民の負担は以前とかわらず、地租改正に反対する一揆が各地でおきた。そのため政府は、地租を地価の2.5%に引き下げた。

問9 アは西郷隆盛、ウは木戸孝允、エは大久保利通である。

◆ 問題は**99・100**ページ

レベルB

問1 (1)三国干渉 (2)八幡製鉄所　**問2** エ　**問3** ウ・ク　**問4** 伊藤博文

問5 (1)韓国併合 (2)ア　**問6** ア

解説 **問1** (1) 満州や朝鮮へ進出しようとしていたロシアは、ドイツとフランスをさそって、リャオトン半島を清へ返すよう日本に申し入れてきた。日本は三国の軍事力をおそれてこの要求に従ったが、国内にはロシアに対する反感が強まり、日露戦争へとつながっていく。

問3 ポーツマス条約の日本側代表は小村寿太郎で、陸奥宗光は伊藤博文とともに、日清戦争の下関条約の日本側代表を務めた。また、ポーツマス条約では賠償金が得られなかったため国民の不満が高まり、日比谷焼き打ち事件のような暴動もおこった。

第16回　大正・昭和時代（戦前）

◆ 問題は**102・103**ページ

レベルA

問1 (1)ウ (2)①二十一か条の要求 ②ウ　**問2** (1)米騒動 (2)原敬　**問3** (1)ウィルソン (2)ウ　**問4** イ　**問5** ウ　**問6** 太平洋

解説 **問1** (1) 1914年のサラエボ事件をきっかけに、ドイツ・オーストリア・トルコなどの同盟国と、イギリス・フランス・ロシアなどの連合国との間で戦争が始まった。

(2) 日本は日英同盟を結んでいたことを口実に連合国側に立って参戦し、中国にあったドイツ軍の基地を攻撃した。そして、中国にあるドイツの権益を日本がそのまま引き継ぐことなどを中国政府に要求した。

問3 (2) 国際連盟での議決は全会一致を原則としていたので、物事がなかなか決定しなかった。

◆ 問題は**104・105**ページ

レベルB

問1 (1)エ (2)天皇 (3)ウ (4)民本（主義）　　**問2** (1)納税額 (2)満25歳以上のすべての男子 (3)Aア　Bウ (4)治安維持法　　**問3** (1)イ (2)二・二六事件 (3)イ

解説 **問1** 吉野作造は、現在民主主義と訳されているデモクラシーということばを「民本主義」と訳し、政治は国民の意見を尊重しておこなわれるべきだとして、議会を中心とした政治や、普通選挙の実現を主張した。

問3 (3) アは新聞紙条例によって言論の取りしまりをおこなう政府を風刺したもの、ウは警察官が演説の取りしまりに入るようすをしめした絵で、ともに自由民権運動に対する圧力と関係の深い絵である。イは軍人の暴力によって民主政治の基本である議会がつぶされていくようすを、軍人の長靴が国会議事堂を踏みつぶそうとしている絵によって風刺している。

第17回　昭和時代（戦後）

◆ 問題は**107・108**ページ

レベルA

問1 (1)オ (2)ア・ウ　　**問2** (1)1ソ連　2アメリカ　3冷戦（冷たい戦争） (2)ウ　　**問3** (1)日ソ共同宣言 (2)北方領土・イ　　**問4** 日米安全保障（条約）　　**問5** (1)日中平和友好（条約） (2)イ　　**問6** (1)佐藤栄作 (2)①D　②C　　**問7** Cエ　Dア　Eウ

解説 **問1** (1) それぞれの内閣総理大臣を在職の時期が早い順にならべると、吉田茂、鳩山一郎、佐藤栄作、田中角栄、福田赳夫の順になる。

(2) 中国はサンフランシスコ講和会議に招かれず、ソ連はサンフランシスコ平和条約の内容に反対して調印しなかった。

問3 (2) 北方領土とは、択捉島・国後島・色丹島・歯舞群島の4島である。

◆ 問題は**109・110**ページ

レベルB

問1 (1)朝鮮（戦争） (2)日本はアメリカから軍需品の注文を大量に受けたから。 (3)自衛隊　　**問2** (1)池田勇人 (2)①オリンピック　②イ　　**問3** 第四次中東戦争・石油危機（オイルショック・石油ショック） (2)イ (3)イ

解説 **問1** (3) 朝鮮戦争が始まった1950年、マッカーサーは日本に自衛力をもたせようとして、日本政府に指示して警察予備隊をつくらせた。この警察予備隊は2年後に保安隊と名をかえ、さらにその2年後に自衛隊と名をかえた。

問2 (2) ②1964年、東京〜新大阪間に東海道新幹線が開通した。

第18回　日本国憲法

◆ 問題は**112〜114**ページ

レベル Ⓐ

問 1　(1)1946年11月3日　(2)イ　　**問 2**　(1)1イ　2エ　(2)間接民主制（代議制）
(3)①象徴　②国事行為　③イ　④ウ　　**問 3**　(1)9（条）　(2)2イ　3エ　4ア　5
ウ　(3)6自衛隊　7警察予備隊　(4)イ　(5)日米安全保障条約　　**問 4**　(1)ア　(2)1イ
2エ　3オ　4ウ　5カ　6ア　　**問 5**　(1)①兵役（の義務）　②納税（の義務）　(2)勤
労（の義務）　　**問 6**　○・イ

解説　**問 1**　(2)　イは5月3日、アは2月11日、ウは11月3日である。

　　　　問 2　(3)　④条約を結ぶのは内閣の仕事である。

　　　　問 3　(4)　平和維持活動（PKO）とは、特に紛争地域の平和と安全を確保する
　　　　　　　　　ために国際連合がおこなう活動のことで、日本では1992年にPKO協
　　　　　　　　　力法が制定され、自衛隊が海外へ派遣されることになった。

　　　　問 6　憲法改正は、各議院の総議員の3分の2以上の賛成で国会が発議し、国
　　　　　　　　民投票で過半数の賛成があれば改正される。

◆ 問題は**115〜117**ページ

レベル Ⓑ

問 1　ア　　**問 2**　(1)法の下　(2)差別　　**問 3**　(1)1エ　2イ　（権利）生存権　(2)
（社会保険）イ　（社会福祉）エ　（公的扶助）ウ　（公衆衛生）ア　　**問 4**　(1)環境権
(2)プライバシー　　**問 5**　(1)世界人権（宣言）　(2)（男女雇用機会）均等（法）　(3)子ど
も（の権利条約）

解説　**問 3**　憲法第25条の生存権にもとづいて、国は社会保障制度を定めている。社
　　　　　　　　会保障制度は、社会保険・社会福祉・公的扶助・公衆衛生から成り立って
　　　　　　　　いる。社会保険は、加入者があらかじめ保険料を積み立て、必要になった
　　　　　　　　ときに現金の支払いを受けるしくみで、健康保険・年金保険・雇用保険な
　　　　　　　　どがある。社会福祉はお年寄りや体が不自由な人などを援助するしくみ、
　　　　　　　　公的扶助は生活の苦しい人の自立を助けるしくみ、公衆衛生は環境衛生の
　　　　　　　　改善をすすめるためのしくみである。

第19回　三権分立

◆ 問題は**119〜121**ページ

レベル Ⓐ

問 1　(1)イ　(2)立法　　**問 2**　(1)二院制（両院制）　(2)ウ　(3)①1ア　2ウ　②3ウ
4イ　　**問 3**　(1)Aウ　Bエ　Cア　(2)公聴会　(3)両院協議会　　**問 4**　イ　　**問 5**

レベル A

(1)衆議院の優越　(2)ウ

解説　**問3**　この問題の図では、衆議院が先に審議することになっているが、参議院が先の場合もある。ただし、予算を決める場合は、必ず衆議院が先に審議する。

　　　　問4　イは内閣の仕事である。

　　　　問5　衆議院は参議院より任期が短く解散もあるので、国民の意見をより反映しやすい。そのため、衆議院には参議院より強い権限があたえられている。

レベル B

◆ 問題は**122〜124**ページ

問1　(1)三権分立　(2)モンテスキュー　　**問2**　司法　　**問3**　(1)違憲立法審査権
(2)憲法の番人　(3)最高法規　　**問4**　ア　　**問5**　弾劾（裁判所）　　**問6**　司法権の
独立　　**問7**　あ良心　い法律　　**問8**　(1)Aイ　Bウ　Cア　(2)三審制

解説　**問1**　法律をつくる力（立法権）を国会に、法律によって実際の政治をおこなう力（行政権）を内閣に、法律によって争いを裁く力（司法権）を裁判所に受けもたせ、一部の人あるいは機関に権力が集中するのを防ぐしくみを三権分立という。

　　　　問3　(3)　憲法第98条には、「この憲法は、国の最高法規であって、その条規に反する法律、命令、詔勅及国務に関するその他の行為の全部又は一部は、その効力を有しない。」と記されている。

　　　　問6　公正な裁判がおこなわれるために、国会や内閣などが意見をはさむことがないよう、裁判所は他の国家機関から独立して裁判をおこなう。このことを司法権の独立という。

第20回　予算・地方自治

◆ 問題は**126**ページ

レベル A

問1　民主主義　　**問2**　2裁判所　3一院（制）　　**問3**（市町村長）イ　（都道府県知事）ウ　　**問4**　ウ　　**問5**　リコール　　**問6**　直接請求（権）　　**問7**　A条例
B直接民主制

解説　**問3**　被選挙権が30歳以上であるのは、都道府県知事と参議院議員だけである。

　　　　問6　住民は必要な数の署名を集めることで、首長や議員などの解職、地方議会の解散、条例の制定や改廃、監査の請求などをおこなうことができる。

　　　　問7　A地方公共団体が法律の範囲内で制定できるきまりを条例という。

◆ 問題は127〜129ページ

レベル B

問1 A所得税　B消費税　　**問2** (1)C直接税　D間接税　(2)イ　　**問3** 1財務（省）　2衆議院　3参議院　　**問4** エ　　**問5** (1)A④　B①　C②　(2)1平和主義　2基本的人権の尊重　3地方自治

解説　**問2** 直接税には、個人の収入に対してかかる所得税、会社の利益に対してかかる法人税、遺産を引き継いだ場合にかかる相続税などがある。間接税は、品物の金額にふくまれるなど、税を負担する人と税を納める人が異なる税である。

問5 地方交付税交付金は、財政的に豊かな地方公共団体とそうでない地方公共団体との間で、住民が受けるサービスに大きな差が出ないように、国から財政が豊かでない地方公共団体に出される補助金である。

らくらくチェック**161**題　解答

これだけはおさえておこう!!

第1回　日本の国土　問題は**130**ページ

1　38万k㎡　**2**　60%　**3**　3000km
4　7000　**5**　南鳥島　**6**　東京都
7　利根川　**8**　リアス海岸

第2回　日本の農水産業　問題は**130**ページ

9　東北地方　**10**　みかん　**11**　輪中
12　養殖　**13**　栽培漁業
14　排他的経済水域（漁業専管水域）
15　公海

第3回　日本の工業　問題は**130・131**ページ

16　太平洋ベルト　**17**　中京工業地帯
18　関東内陸工業地域
19　阪神工業地帯
20　伝統マーク（伝統証紙）
21　経済産業省　**22**　輪島塗
23　佐賀県　**24**　清水焼

第4回　交通と貿易　問題は**131**ページ

25　オーストラリア
26　アメリカ（合衆国）　**27**　中国
28　集積回路　**29**　鉄道　**30**　自動車

第5回　公害と地球環境　問題は**131**ページ

31　神通川　**32**　有機水銀
33　亜硫酸ガス　**34**　地球（の）温暖化
35　フロンガス　**36**　酸性雨
37　世界遺産条約　**38**　ラムサール条約

第6回　原始時代　問題は**131・132**ページ

39　打製石器　**40**　岩宿遺跡
41　縄文土器　**42**　竪穴（式）住居
43　弥生土器　**44**　漢委奴国王
45　卑弥呼　**46**　邪馬台国

第7回　古墳・飛鳥時代（大和時代）
問題は**132**ページ

47　大山（大仙）古墳（仁徳天皇陵）
48　百済　**49**　聖徳太子
50　小野妹子　**51**　大化の改新
52　藤原京　**53**　大宝律令

第8回　奈良時代　問題は**132**ページ

54　平城京（奈良）　**55**　古事記
56　三世一身の法　**57**　阿倍仲麻呂
58　墾田永年私財法　**59**　鑑真
60　校倉造　**61**　万葉集

第9回　平安時代　問題は**133**ページ

62　平安京（京都）　**63**　坂上田村麻呂
64　菅原道真　**65**　源氏物語
66　藤原道長　**67**　平等院鳳凰堂
68　院政　**69**　平清盛

第10回　鎌倉時代　問題は**133**ページ

70　源頼朝　**71**　執権
72　承久の乱　**73**　北条政子
74　親鸞　**75**　御成敗（貞永）式目
76　元寇　**77**　（永仁の）徳政令

第11回　室町時代　問題は**133・134**ページ

78　建武の新政　**79**　足利尊氏
80　足利義満　**81**　勘合　**82**　銅銭
83　正長の土一揆　**84**　応仁の乱
85　下剋上　**86**　足利義政

第12回　戦国・安土桃山時代
問題は**134**ページ

87　種子島
88　フランシスコ・ザビエル

資料提供（順不同）

川崎市市民ミュージアム　　　　京都外語大学付属図書館　　　宮内庁三の丸尚蔵館
宮内庁正倉院宝物　　　　　　　憲政記念館　　　　　　　　神戸市立博物館
国立国会図書館HP　　　　　　　慈照寺　　　　　　　　　　東京国立博物館
東京大学明治新聞雑誌文庫　　　唐招提寺　　　　　　　　　OPO
毎日新聞　　　　　　　　　　　悠工房　　　　　　　　　　鹿苑寺

◎　たいせつなことがらを書いておきましょう。